国家自然科学基金项目"金融科技促进农村普惠金融发展的路径研究"（项目编号：72073043）

经济管理学术文库·经济类

# 金融科技提升
# 农村商业银行普惠能力研究

Research on Improving the Micro–financing Capability of
Rural Commercial Banks through Financial Technology

陈　铦　李明贤／著

经济管理出版社
ECONOMY & MANAGEMENT PUBLISHING HOUSE

图书在版编目（CIP）数据

金融科技提升农村商业银行普惠能力研究/陈艳，李明贤著.—北京：经济管理出版社，2022.12

ISBN 978-7-5096-8870-0

Ⅰ.①金… Ⅱ.①陈… ②李… Ⅲ.①金融—科学技术—作用—农村商业银行—经营管理—研究—中国 Ⅳ.①F832.35

中国版本图书馆 CIP 数据核字（2022）第 248873 号

组稿编辑：曹　靖
责任编辑：郭　飞
责任印制：许　艳
责任校对：陈　颖

出版发行：经济管理出版社
　　　　　（北京市海淀区北蜂窝 8 号中雅大厦 A 座 11 层　100038）
网　　址：www.E-mp.com.cn
电　　话：（010）51915602
印　　刷：唐山玺诚印务有限公司
经　　销：新华书店
开　　本：720mm×1000mm/16
印　　张：10.5
字　　数：159 千字
版　　次：2023 年 4 月第 1 版　　2023 年 4 月第 1 次印刷
书　　号：ISBN 978-7-5096-8870-0
定　　价：88.00 元

# 前　言

　　解决"三农"和小微经济主体融资难、贵、慢的问题一直是普惠金融发展的目标。我国普惠金融的重点在农村，但农村普惠金融的发展难点更突出。虽然自1951年农村信用合作社成立以来，一系列有关农村金融存量和增量改革都在努力解决农村金融市场的供需缺口，旨在解决"三农"和小微经济主体融资难、贵、慢的问题，然而效果仍然不尽如人意。由于金融机构的经济理性，"三农"和小微经济主体这类弱势群体常常遭受"金融排斥"，这类长尾客户的信贷意愿时常难以得到满足，农户的信贷可得性不足。虽然越来越多的学者试图从提升农户金融素养的角度来缩小农村金融市场的供需缺口，但对于以农村商业银行为主的农村银行业机构对目标客户的辨别能力低、挖掘能力低以及保证客户还款能力低等涉及农村金融供给侧的能力和服务主动性能否提升的问题却很少研究。事实上，以农村商业银行为主的农村银行业机构能否可持续地向"三农"和小微经济主体这些农村金融市场的目标客户提供风险可控、成本可负担的融资服务一直是农村金融领域的难点。农村商业银行相对于国有银行等大银行来说，在技术和资本上都不具备优势，在给农户提供贷款等融资服务时，面临的信息不对称、风险大、成本高等问题往往更突出，社会目标和财务目标难以协调统一，导致农村商业银行为"三农"和小微经济主体融资的能力难以提升。

技术进步是金融机构业务能力提升的重要手段，近年来我国金融科技蓬勃发展，在提升金融服务能力方面的作用日益显现。金融科技主要是互联网背景下利用大数据、云计算、区块链、人工智能、物联网等现代科技及数据挖掘技术而开发的成本低、使用便利、有效的金融产品及服务。金融科技突破了传统金融的时空约束，理论上可以使金融服务更有效率，使金融更有渗透力。然而，对于农村商业银行这类扎根农村的银行业金融机构来说，在资本和技术都不具备优势的情况下，能否抓住契机充分运用金融科技，让金融科技得以给农村商业银行赋能，降低农村商业银行对"三农"和小微经济主体这类目标客户的获客成本，提高为这类目标客户提供信贷等融资服务时的风控能力，提高服务的覆盖面是一个未知的问题。因此，本书以农村商业银行为研究对象，以金融科技的蓬勃发展为契机，找准长期以来农村商业银行为"三农"、小微经济主体提供信贷等融资服务的能力不足而导致难以可持续发展的原因，突破农村商业银行基于传统信贷技术提供小额信贷服务的局限，对金融科技能否和如何释放农村商业银行为"三农"和小微经济主体提供融资服务的主观能动性和能力的问题进行研究，具有重要的理论意义和现实意义。

首先，本书对金融科技发展背景下农村商业银行为"三农"和小微经济主体提供融资服务的能力进行了供给侧结构性改革理论、自生能力理论、信息经济学理论、网络经济定律、长尾理论等理论基础的阐述，并提炼出农村商业银行"普惠能力"的概念。由于以农村商业银行为主的农村银行业金融机构主要通过存贷为主的主营业务来解决"三农"和小微经济主体的融资难、贵、慢的问题，基于普惠金融和小额信贷的概念，为突出农村商业银行给"三农"和小微经济主体这类需要服务"普及"的长尾客户提供"优惠"的融资服务的能力和提供存贷服务时自负盈亏的商业可持续性，农村商业银行普惠能力的概念界定为以下几个方面：①控制融资服务风险，给"三农"和小微企业等因潜在风险高而受金融排斥的弱势群体提供融资机会的能力。②以可负担的低成本获取稀缺资源、服务长尾客户的能力。③为形成一种显著、专业、商业可持续的方式提供规模更大、覆盖面更广、服务深度更强的存贷产品的能力。金融科技的概念界定则是农村商业银行通过内部研发、外包或与金融科技公司合作共享等方式，用新兴前沿的数字技术开发出来的能改变农村商业银行金融活动的金融服务创新、业务创新和产品创新。

其次，描述并分析了农村商业银行的沿革和现状。根据相关理论基础，探讨了农村商业银行运用金融科技解决信息不对称难题，实现风险可控、成本降低、收益增长、支农支小覆盖面扩大，提升农村商业银行普惠能力的机理。在此基础上对金融科技缓解农村商业银行业务单位成本高，以更低的成本提供更"优惠"的融资服务问题进行了详细分析，借鉴成本会计学，打开了测算生产成本和交易成本的"黑箱"，尽可能全面地测算了农村商业银行的主营业务单位成本。同时运用对面板标准误进行校正的双重固定效应模型和全面广义最小二乘法对金融科技运用前后的农村商业银行主营业务单位成本产生的变化进行了估计。实证结果表明，农村商业银行应用金融科技能够降低业务单位成本，克服传统技术不能有效降低成本的问题。虽然金融科技的研发投入会造成更多的人力、物力、财力消耗，一旦产品运行稳定之后，业务规模逐渐扩大的同时，边际成本快速下降，得以打破"风险可控，成本却升高"这一此消彼长的农村金融服务困境，实现农村商业银行以更"优惠"的价格给"三农"和小微经济主体提供融资服务。之后，以适合短面板数据的方法详细分析了金融科技解决农村商业银行对"三农"和小微经济主体等长尾客户服务数量不足，提升对长尾客户服务的"普及"率的问题。实证结果表明，金融科技的运用能够显著提高农村商业银行对"三农"和小微经济主体这类长尾客户的服务比例，同时降低给最大十家优质客户服务的比例，提高了农村商业银行给"三农"和小微经济主体这类需要服务"普及"的长尾客户提供融资服务的能力。农村商业银行增加金融科技投入，能更好地助其规避风险，形成的线上网络能够降低前台交易成本、管理成本、运作成本等，从而提供更"优惠"的产品，满足更多"三农"和小微经济主体这类目标客户的需求。农村商业银行的前端 IT 技术与中端和后端的技术支持能够精准识别和挖掘需要"普及"的"三农"和小微经济主体潜在客户，同时可保证已放贷客户的还款能力，有效拓宽对目标客户的服务覆盖面，从而形成"风险可控、成本降低、服务覆盖面扩大"的普惠能力提升的良性循环。

最后，结合本书对金融科技在创新实践中遇见的金融科技相关的法律法规不完善、数字基础设施不健全、金融科技相关人才储备不足、"三农"和小微经济主体客户难以接受和掌握数字金融产品、监管体系不完善、金融风险可能放大、客户利益易受侵犯等问题，以及对金融科技提升农村商业银行普惠能力的机理和实证效果的分析结果，综合讨论了金融科技背景下农村商业银行循环可持续地提升普惠能力的对策建议。

# 目　录

# 第1章 绪论

## 1.1 研究背景、研究目的及研究意义

### 1.1.1 研究背景

目前，我国经济社会处于努力实现国内国际双循环新发展格局和共同富裕目标的大背景下。2020 年中央财经委员会第七次会议强调要构建以国内大循环为主体、国内国际双循环相互促进的新发展格局，同年在中共中央政治局常委会会议上首次提出了要深化供给侧结构性改革，充分发挥我国超大规模市场优势和内需潜力，构建国内国际双循环相互促进的新发展格局。2021 年中央财经委员会第十次会议又强调要在高质量发展中促进共同富裕。而共同富裕本身就是社会主义现代化的一个重要目标，是充分盘活我国内需潜力、高质量发展经济的根本目的。脱贫攻坚战的全面胜利也意味着我国已经到了扎实推动共同富裕的历史阶段，在把蛋糕做大做好的同时，更需要正确处理效率和公平的关系，把蛋糕分

好。新时代我国社会主要矛盾已经转化为人民日益增长的美好生活需要和不平衡不充分的发展之间的矛盾。经济社会发展的不平衡主要是城乡间区域间的不平衡，经济发展的不充分主要是农村经济社会发展的不充分。这就需要进一步通过供给侧结构性改革挖掘内需潜力和农村消费能力，打通国内经济循环的脉络，缩小城乡差距，在合理解决"三农"问题的基础上促进农民农村共同富裕，巩固拓展脱贫攻坚成果，全面推进乡村振兴，加强农村基础设施和公共服务体系建设，改善农村人居环境。

金融是现代经济的核心，从 1978 年改革开放至今，我国一直在对农村金融进行改革，但农村依然存在金融体系的供给缺陷和结构性错配，金融发展一直落后于经济发展的需要。根据林毅夫提出的新结构经济学中的发展经济学 3.0，发展中国家不能一味地复制发达国家的老路，而需要形成一套符合本国比较优势的发展战略，构建属于自己的结构（Lin，2011）。而实现乡村振兴，更离不开对农业增产增效和农民增收的金融支持。《中共中央-国务院关于实施乡村振兴战略的意见》也指出，实施乡村振兴战略必须解决"钱从哪里来"的问题，普惠金融的重点要在农村。党的十九届四中全会也明确提出要实现经济的高质量发展，需要健全具有高度适应性、竞争性、普惠性的现代金融体系。这需要全面打通国内金融和经济循环的通道，在实体经济进行供给侧结构性改革的同时，让金融供给侧结构性改革同步进行，才能让金融回归服务实体经济的本源，稳定金融环境，引导金融和经济社会协调发展，让乡村振兴的实现和"三农"的发展得到有力可靠的金融支持。

（1）提升农村商业银行的普惠能力是农村普惠金融发展的根本要求。

大力发展普惠金融是党中央国务院的明确要求，也是增强金融服务实体经济能力的重要体现。2019 年中央一号文件《关于坚持农业农村优先发展做好"三农"工作的若干意见》提出要打通金融服务"三农"的各个环节，建立县域银行业金融机构服务"三农"的激励约束机制，实现普惠性涉农贷款增速总体高于各项贷款平均增速。因此新时代背景下对新"三农"的发展要求促使农村金融的改革和创新，从而提升其助力乡村振兴的能力。而在农村金融改革创新的过程中，最根本的是需要加强金融基础设施建设和相关技术的创新，发挥信用在金融风险识别、监管、处置等环节的基础作用，解决"三农"和小微经济主体（以下简称"小微"）融资难、融资贵、融资慢的问题。在经济双循环格局下，巴曙松（2020）提出中国金融体系应更关注普惠金融，强调服务于小微企业，服务于广泛的长尾客户。说到底是需要提升农村商业银行等代表性农村银行业金融机构的融资服务能力，助力激发"三农"经济的活力。

农村普惠金融的发展一直是我国普惠金融发展的重点领域，旨在以可负担的成本为有金融服务需求的农民、小微企业等提供合适的金融服务，解决农村地区金融服务获取率低、金融服务水平不高等问题。在一系列政策的激励和支持下，我国农村金融机构在近十几年中不断发展，形成了以农村商业银行为主体，小额贷款公司、村镇银行、农村资金互助社等新型农村金融机构并存的农村金融市场，为"三农"和小微经济主体提供金融服务。然而，由于农村地理位置偏远且"三农"和小微经济主体业务经营风险较大，农村金融市场依然出现金融排斥特征，"三农"和小微经济主体融资难、贵、慢的问题依然没有解决。从金融服务公平性来说，涉农贷款的占比一直处于低位，始终不足30%。技术进步一直是创新的不竭动力，然而在传统信贷技术条件下，农村的信用体系欠完善，由于缺乏抵押物，信息不对称问题难以解决，风控成本和业务成本偏高导致农村商业银行给"三农"和小微经济主体提供金融服务的主动性欠缺，导致提供的信贷产品单一，难以满足"三农"和小微经济主体的金融服务需求，对目标客户服务的覆盖面不足，业务占比偏小。以农村商业银行为主的农村金融机构为"三农"和小微经济主体提供金融服务的可持续发展性依然没有实现，单靠政策等外力激励和支持，无法从根本上提高农村商业银行等农村金融机构对目标客户服务的主动性和创新性。

农村银行业金融机构以信贷业务为主的融资服务是农村普惠金融服务中最根本的服务之一，其能力的高低也是衡量一个区域普惠金融服务水平高低的主要指标之一。"三农"和小微经济主体融资难、贵、慢的问题解决效果并不尽如人意，说到底是农村商业银行等农村银行业金融机构对"三农"和"小微"经济主体这类目标客户的辨别能力低、挖掘能力低以及保证客户还款的能力不足。这类能力的提升需要依靠农村商业银行运用市场机制来提供更多有利于"三农"和小微经济主体等弱势群体的融资服务的同时，善于发现更多稀缺资源，利用机会创新改进存贷业务，使农村商业银行能更好地分配金融资源，从而实现农村商业银行在获得自身可持续发展的同时又能创造更大社会价值。这既是金融供给侧结构性改革的核心任务，也是我们迫切需要解决的问题。

（2）金融科技的发展为农村商业银行普惠能力提升创造了条件。

进入21世纪特别是自2013年以来，以大数据、云计算、区块链、物联网、人工智能、生物识别等信息技术为核心的数字科技的蓬勃发展，使金融科技成为技术驱动的又一大金融创新。在大数据背景下，利用现代科技及数据挖掘而开发的成本低、使用便利、效率高的金融产品及服务为普惠金融的发展提供了有力的支撑和条件。2016年中央一号文件指出要引导互联网金融、移动金融规范发展，2017年中央一号文件也鼓励金融机构利用互联网技术，为农业经营主体提供小额存贷款、支付结算等金融服务。2019年，中国人民银行印发的《金融科技（FinTech）发展规划（2019—2021年）》，则明确提出了将金融科技打造成我国金融高质量发展的"新引擎"。信息技术突破了传统金融的时空约束，使金融服务可以更有效率，对金融的支付清算功能、资源配置功能和风险管理功能都有突破，使金融更有渗透力。2016年G20峰会提出的《G20数字普惠金融高级原则》对数字普惠金融进行了明确的界定，提出数字普惠金融泛指一切通过使用数字金融服务以促进普惠金融的行动。由此可见金融科技对促进普惠金融的意义和价值，金融科技的本质是普惠（黄益平和黄卓，2018）。然而，以农村商业银行为主的农村银行业金融机构相比国有银行等大银行来说，能否合理有效地运用和研发金融科技产品却是值得探讨的问题。因此，探讨以农村商业银行为主体的农村银行业金融机构能否利用金融科技解决信息不对称问题，并且使风险可控的同时实现成本降低和对弱势群体的服务覆盖面扩大，进而从根本上提升其对目标客户的辨别、挖掘和保证客户还款的能力，是作为农村金融主力军的农村商业银行可持续发展的需要，是金融进行供给侧结构性改革的需要，是金融回归服务实体经济的本源的需要，是畅通国际国内双循环的需要，更是实现共同富裕目标的需要。

（3）强化对服务"三农"和"小微"的监管须提升农村商业银行的普惠能力。

农村商业银行是农信机构股份制改革的产物。早在 2011 年，监管层就提出要全面完成农村信用合作社的股份制改革，目前已有安徽、湖北、江苏、山东、江西、湖南、广东、青海 8 个省份完成了农信机构的股份制改革，全部改制为农村商业银行。由于长期受到产权关系、体制沿革、经济理性、路径依赖等因素的影响，农村信用合作社改制进度缓慢。即便是由农村信用合作社改制成功的农村商业银行形成了规范的公司治理结构，但作为农村中小银行，农村商业银行依然面临着资本金缺口大、资产质量相对较差、运营成本高、风险化解难度大、产品单一、财务目标和社会目标难以统一等问题，难以自主且可持续地服务"三农"和小微经济主体这类目标客户。虽然政界和学术界也通过增量改革的方式改进了农村金融市场中农村信用合作社"一社独大"的局面，形成了农村商业银行、小额贷款公司、村镇银行等传统和新型农村金融机构并存的局面，但农村金融市场依然不够规范和活跃，小额贷款公司和村镇银行在经营过程中出现很多问题，只能起到"鲇鱼效应"的作用。同时，虽然经过多方努力尽力提升农户的金融素养，但由于农村银行业金融机构对客户的识别、挖掘、规避违约风险等方面的能力不足，农村银行业金融机构支农支小的效果依然不佳。在存量和增量改革之后的农村银行业金融机构之中，能够作为农村金融市场融资服务主力的银行，依然是与农村信用合作社一脉相承的农村商业银行。随着《商业银行大额风险暴露管理办法》《商业银行银行账簿利率风险管理指引》《商业银行集团客户授信业务风险管理指引》等新规的出台，改制成功的农村商业银行也不可避免地与其他大型银行一起进入了银行业强监管时代，农村商业银行的资本补充面临着更多的挑战。在"加强小微企业金融服务"和全面推进乡村振兴的战略背景下，银行监管政策中的发展转型类指标有所细化，"三农"贷款考核作为银行监管考核的重点指标，小微贷款业务成为银行高质量发展的重心之一，"存款"也更加关注偏离度。这都意味着农村商业银行必须进行自我创新和改革，提升给"三农"和小微经济主体提供融资服务的能力。

那么金融科技降低获客成本、提高风控能力、提高对目标客户的服务覆盖面，从而提升其给"三农"和小微经济主体提供以信贷为主的融资服务的能力的机理是什么？其实现的路径、面临的新挑战和金融科技运用的效果又如何？这些尚未被研究清楚的问题便是本书的研究重点。因此，本书以农村商业银行为研究对象，以金融科技的蓬勃发展为契机，试图用"普惠能力"来定义以农村商业银行为主的农村银行业金融机构给"三农"和小微经济主体这类目标客户提供以信贷为主的融资服务的能力，并找准长期以来农村商业银行普惠能力不足而导致难以可持续发展的原因，突破农村银行业金融机构基于传统信贷技术提供小额信贷等融资服务的局限，探讨金融科技能否和如何释放农村商业银行为"三农"和小微经济主体服务的主观能动性，从而提升农村商业银行普惠能力的问题。

## 1.1.2 研究目的

随着内外环境的变化，凸显了要提升农村商业银行给目标客户提供融资服务能力的重要性，本书的研究目的在于：一是提炼农村商业银行"普惠能力"的概念，以便更有针对性地分析农村商业银行给目标客户提供融资服务的能力。基于以农村商业银行为主的农村银行业机构主要是通过存贷为主的主营业务，通过信贷服务来解决"三农"和小微经济主体的融资难、贵、慢的问题，"普惠能力"特指给"三农"和小微经济主体这类需要服务"普及"的长尾客户提供"优惠"的融资服务的能力，突出农村商业银行提供存贷这类主营业务时自负盈亏的商业可持续性。二是分析在传统技术条件下，导致农村商业银行普惠能力不足的原因以及金融科技为何会渗入到农村金融市场的理论逻辑。三是分析金融科技能否和如何解决农村商业银行长期以来的"成本可担、风险可控、服务覆盖面扩大"不能同时实现的问题，提升农村商业银行的普惠能力。四是对农村商业银行运用金融科技面临的环境进行全面分析，并探讨金融科技解决信息不对称，提升农村商业银行普惠能力的机理。五是根据目前农村商业银行运用金融科技对成本和目标客户的服务覆盖面的实际影响，提出在实际运用中，金融科技提升农村商业银行普惠能力的对策建议。

### 1.1.3　研究意义

本书以金融科技促进农村商业银行普惠能力的提升为研究主题，结合数据和案例，对金融科技能否提升农村商业银行的普惠能力进行翔实的理论逻辑分析，对金融科技长期可持续提升农村商业银行普惠能力的机理进行探讨，并根据目前农村商业银行运用金融科技的效果进行实证检验，同时依据农村商业银行在金融科技创新下可能面临的新挑战，提出了提升农村商业银行普惠能力的建议。具体的理论意义和现实意义如下：

（1）理论意义。

第一，结合供给侧结构性改革理论、自生能力理论、信息经济学理论、网络经济定律、长尾理论对农村商业银行等农村银行业金融机构普惠能力进行了概念界定，突出了要解决长期以来"三农"和小微经济主体融资难、贵、慢的问题，需要提升以农村商业银行为主的农村银行业金融机构对这类目标客户的普惠能力的重要性，得以在一定程度上改善目前对于"三农"和小微融资难、贵、慢问题的研究，主要侧重于需求侧农户的金融素养的研究，而轻供给侧农村银行业金融机构的能力研究的现象。

第二，分析了农村商业银行普惠能力提升的关键在于解决信息不对称时，能够实现业务单位成本降低和服务覆盖面的扩大。这样才能让农村商业银行主动并有效服务于"三农"和"小微"，实现农村商业银行普惠能力的提升。根据梅特卡夫定律、克拉底定律、成本管理会计理论、金融市场中的长尾理论等，用相关数据和案例，结合普惠能力的三个层面的界定，打开了测算农村商业银行主营业务单位成本的"黑箱"，对金融科技缓解农村商业银行业务单位成本高的问题进行了详细分析，并运用农村商业银行涉农和小微企业贷款的服务比例，和与此相对的最大十家优质客户贷款的服务比例，对金融科技解决农村商业银行"三农"和"小微"等长尾客户服务覆盖面小的问题进行了详细的分析，为相关研究提供了新视角和新思路。

（2）现实意义。

第一，对农村商业银行的历史沿革及现状和运用金融科技的环境进行了全面的描述和分析，探讨了农村商业银行在所处环境中运用金融科技增强进行普惠业务时的自生能力的内在逻辑，提出了建立各参与主体互联的"线上+线下"联动机制、加强金融科技基础设施建设和人才管理、加强金融科技监管体系和风险防范机制等对策，为目前农村商业银行的数字转型提供了方向。

第二，对金融科技运用下的农村商业银行对普惠业务的授信能力、使普惠业务单位成本降低的能力以及让普惠业务的服务覆盖面扩大的能力进行了详细的理论和实证分析。提出了运用金融科技解决信息不对称来控制农村商业银行普惠业务风险、降低普惠业务单位成本、扩大普惠业务服务覆盖面的机理，有利于农村商业银行在运用和研发金融科技时进行合理的选择。

# 1.2 国内外研究动态与述评

### 1.2.1 国外研究动态

（1）对"三农"和小微融资难、贵、慢的市场化改革探讨。

国外学者对"三农"和"小微"等弱势群体融资难、贵、慢问题的探讨可追溯至 20 世纪 90 年代。学者意识到若不解决贫困问题，贫困人群将会继续对"优胜劣汰"的市场机制感到恐惧和抵触，最终不利于经济增长，而金融深化的程度和规模可促进农户收入水平的提高（Gregorio 和 Guidotti，1995）。金融深化通过促进农村金融市场的储蓄投资转化率，进而促进农村经济的发展，最终提高农户收入水平（Greenwood 和 Jovanovic，1990；Bencivenga 和 Smith，1991；Jappelli 和 Pagano，1994）。信贷业务的深化也可改善中低收入者的福利，同时降低金融脆弱性（Wright 和 Mohieldin，2000）。至于是否应该通过政府的介入提供外部政策性资金，学者在金融深化概念的基础上提出了金融宽化的概念，提出要通过降低金融服务的门槛来创造更公平的机会，而不应该一味地给予弱势群体补助或补贴。通过外部性政策的补助让银行业金融机构给没有偿债能力的穷人提供贷款会导致资源错误配置，违约率升高反而难以提高穷人的收入。同时，学者认为金融市场的利率也不能通过外力施压。若金融市场的利率被人为压得太低，那些给小微企业和农户贷款的银行会因风险太大无法弥补成本而退出市场，达不到有效为弱势群体提供融资服务的目的。利率过于压低也容易导致借款需求大于供给，使价格失去信号的作用而无法实现市场竞争，从而导致"寻租"等通过"关系"获得贷款的现象。然而，最缺乏"关系"和"寻租"能力的就是弱势群体。因此压低利率最终只会对利益集团有利，违背解决贫富差距的初衷（Cull 等，2009）。金融宽化是建立在"激励"的基础上，通过创造公平的机会使有创新创业思想但缺乏资本的人获得融资机会，进而减缓贫困，促进经济增长（Demirguc‑kunt 等，2007）。研究发现，全球难以从正规金融机构获得贷款的客户高达 30 亿，因此人们便在对金融发展能否和如何减缓贫困和改善收入分配的研究过程中，形成了对"三农"和"小微"等弱势群体融资问题的思考，旨在通过提升金融服务的包容性，解决金融市场对弱势群体的金融排斥，让有金融需求的客户都能获得满足其需求的金融服务（Helms，2006）。随即世界银行扶贫协商小组（CGAP）和联合国提出了普惠金融（Inclusive Finance）的理念，即提升金融的包容性，以合理的成本提升金融服务的可得性，确保社会弱势群体在有金融需求时，能及时、充分、可负担地获取储蓄、借贷等金融服务（CGAP，2004；Agency，2006）。

（2）对"三农"和小微融资难、贵、慢的原因及对策研究。

以普惠金融的理念为指导，国外学者对如何在市场机制下通过提升金融的包容性来解决"三农"和小微融资难、贵、慢的问题进行了更多的研究。

首先，从资金需求方的理性角度思考了弱势群体信贷需求难以满足等问题。比如，关于"三农"和小微借贷方式，对于涉农金融机构而言，为了防控风险，需要农户等涉农经营主体提供足够的抵押担保品，然而多数急需资金的农户往往无法提供有效抵押品而遭到排斥（Akram 和 Hussain，2008），能够提供有效抵押品的往往是资金富足的农户，最终导致大客户和富裕群体得以享受金融发展带来的益处，而弱势群体则需转向高利贷等非正规信贷渠道获得融资，弱势群体融资难、贵、慢的问题无法解决，金融的包容性依然难以实现（Hoff 和 Stiglitz，1990；Boucher，2008）。农户、低收入者等弱势群体的金融需求往往有别于大客户的金融需求，然而传统的金融产品单一、服务流程固化，且主要针对大客户的需求而设计，也阻碍了弱势群体向正规金融机构获取融资服务（Urrea 和 Maldo-nado，2011）。

另外，从资金供给方的理性角度思考了弱势群体融资问题。Barth 等（2001）和 Beck（2008）运用国外的数据研究发现，国有银行往往会贷款给与政府有关系的企业或政绩工程，且国有银行占主导的金融体系不利于促进竞争，不利于中小企业的融资，不利于实现普惠性。农村地区基础设施落后，地理位置偏远，且农业的自然风险大，农户收入不稳定，这一系列的因素都导致为其提供金融服务的金融机构交易成本增大，甚至难以弥补运营成本（Gilberto 和 Gabrielle，2006）。传统大型商业银行的网点往往无法覆盖偏远地区。D'alcantara 和 Gautier（2013）通过建立邮政柜台和银行机构的选址模型，发现邮政柜台与银行机构联合形成的邮政储蓄银行是金融包容性发展的有效载体，而且能够盈利，这与邮政柜台能覆盖农村各个区域息息相关。同时，Anson 等（2013）通过全球普惠金融指数数据库的 60 个国家的个人邮储银行账户所有者信息，对比传统商业银行个人账户所有者信息，发现邮储行账户所有者中，穷人、受教育程度低的人以及非劳动力人口占多数，得以缓解弱势群体融资难、贵、慢的问题，在一定程度上实现了金融的包容性。然而，因邮政业务的便利得以覆盖穷人的邮储银行相对传统大型银行资金相对薄弱，Kumar（2013）认为政府应当采取措施鼓励大型商业银行给"三农"和小微金融需求者提供融资业务，用印度数据研究发现，大型商业银行的雄厚资金、发达的网络渠道和风险管理能力对于解决小微金融资金需求者的融资难、贵、慢的问题有正面效应，也是实现印度普惠金融发展的最主要因素。

总的来说，国外对"三农"和"小微"等弱势群体融资难、贵、慢的研究，目的在于实现经济增长，是在普惠金融理念下的以经济理性为前提的研究。学者运用发达国家和发展中国家的多国数据进行情况的描述和解释分析，对我国的"三农"和"小微"融资难、贵、慢问题的研究提供了思路。但国外学者对于如何有效解决农村金融市场的供需矛盾、如何真正实现金融的包容性等问题考虑得较少，且研究对象零散，意见不统一，比如有的学者认为要依靠政府，有的又认为不需要通过政府的外力作用。为此，在普惠金融理念的引导下，我国基于中国的国情，做了很多解决"三农"和"小微"等弱势群体融资难、贵、慢问题的研究和实践。

（3）对金融科技的内涵及定义的研究。

金融科技的英文是 Financial Technology，简称 FinTech。金融科技在国外是一个金融与技术相互促进的过程。根据英国的 *FinTech Global* 报告，2018 年，全球金融科技公司的资金同比增长至 544 亿美元。一系列关于移动支付、P2P 网贷、可编程加密货币、区块链、智能投资顾问、众筹平台、大数据、人工智能、云计算等，都是金融科技创新与运用的范围（Goldstein 等，2019）。

对于 FinTech（金融科技）的定义，国外没有统一的说法，从技术视角到产业视角侧重点各不相同。从技术视角来看，牛津词典里将 FinTech 解释为"用于支持银行和金融服务的计算机程序和其他技术，包括人工智能、大数据、云计算、区块链以及互联网等"。基于此，赞同技术视角定义的学者在自己的研究中，对 FinTech 的定义也各有侧重。比如，Hayen（2016）强调 FinTech 是以技术为核心，认为 FinTech 是一种在金融领域的技术解决方案，包含所有能够给金融这个行业带来变革、给金融服务带来创新的技术。Nakashima（2018）强调创新和变革，认为 FinTech 是一种有潜力改变传统金融的运行且能催生出一种新的金融服务和形式的技术，那些能够拓宽金融边界，对全球金融运行带来革命性变革的新技术可称为 FinTech。从产业视角来看，Schueffel（2016）通过探究 40 多年 200 多篇关于 FinTech 的学术论文，认为 FinTech 的核心是金融，是一个与传统金融服务不同，应用技术来提升金融互动的新金融产业。Susanne 和 Janos（2016）强调了新金融产业里的初创企业，认为 FinTech 是向传统金融领域提供技术支持和科技产品的科技创业企业组成的产业。Nicoletti（2017）则进一步拓宽了定义的范围，认为 FinTech 包括所有利用前沿信息技术和技术解决方案改进金融服务的商业模式和企业组成的产业。随着时间的推移，学者对金融科技的研究视角也从技术层面、创业企业层面拓宽到运用技术改进业务的传统金融机构层面的探讨，对金融科技的定义介于技术和金融产业之间。FSB（2017）则从金融功能的视角将 FinTech 定义为一种由信息通信技术引起的产品、业务、流程、模式、产业等不同维度的所有金融创新。总之，学者认为金融科技是在各种计算机技术、统计数学、计量、大数据等科学技术和不同金融范式的相互促进下发展起来的一种在颠覆性技术的驱动下形成的去中介化力量。

（4）对金融科技的不同技术形式及运用效果的研究。

基于对金融科技定义和内涵的探讨，国外学者从技术层面和金融层面对金融科技的不同技术形式与效果进行了分析。金融科技在国外有着长期且连贯的发展过程，并且金融科技大都是以科技公司或不同于传统银行业的金融公司等形式在市场中运营，学者对 P2P 网贷平台、区块链、智能投顾、大数据等技术的研发及对金融市场的影响都有不同程度的研究。

首先，21 世纪随着互联网的普及，国外学者开始探讨互联网平台运用于金融的情形。Rochet 和 Tirole（2003）、Armstrong（2006）认为由借款人和投资人构成的网络平台具有双边市场网络效应，平台上的双方能否成功匹配并交易顺利与平台另一方的规模有关。一个网贷平台需要有优质的借款人来吸引放贷者进行放贷，但同时想借款的客户也会根据这个网贷平台是否有大规模的优质放贷者来选择是否在这个平台寻求贷款，并且这种现象在没有担保的纯信息中介平台中更明显。次贷危机爆发之后，更多学者把注意力放在当时在国外兴起的一种不同于传统借贷的 P2P 网络借贷市场。R. Iyer 等（2009）通过评估 P2P 网贷市场放贷者筛选借款人的能力，发现 P2P 网贷的放贷者不依赖借款人的真实信用评分，而擅长运用各种软信息去综合推断借款人的信用水平，并且能捕捉到只依靠硬信息（信用评分）所不能推断到的借款者 1/3 的信用等级变化，从而能够给传统借贷市场提供可行的补充，服务于规模较小的借款者。Duarte 等（2012）发现借款者在网贷平台上传的照片会影响其获得贷款的概率。长相忠厚的借款者更有可能以较低的利率获得贷款，并且这些看起来长相忠厚的借款者的确拥有相对较好的信用评分，其违约率也比长相不忠厚的借款者更低。类似地，Gonzalez 和 Loureiro（2014）还发现借贷双方的性别、年龄和长相的差异都会影响网络借贷的结果，中年人不分长相都更容易使借贷交易达成，而如果借贷双方性别相同，长相越吸引人越难使借贷交易达成。随后，学者开始探讨 P2P 网贷平台的效果。通过对 P2P 网贷市场机制的考察，Wei 和 Lin（2017）发现，虽然美国的 P2P 网贷平台的借贷利率采取的是明码标价的形式，但明码标价的方式并没有提高借贷的效率和效果，明码标价的方式相对于竞价拍卖而确定借贷利率的方式来说，最终利率更高，并且在明码标价的方式下获得的贷款更容易违约。Roure 等（2018）认为 P2P 网贷主要为满足个人、小微经营主体的融资需求而存在，是传统金融体系的补充，且平台上借款人的道德风险会带来极大的风险。Tang（2019）也认为 P2P 网贷平台不能替代传统银行借贷，并且发现低质量的银行借款者转移到 P2P 网贷平台导致 P2P 网贷平台的借款者质量整体变差，P2P 网贷平台缺乏稳定借贷交易质量的能力。

此外，随着 P2P 网贷平台对于金融创新效率和稳定性的效果越发表现出不确定性，海外学者对金融科技的其他技术形式，进行了更多层面的探讨。Lin 等（2015）认为，全球近 20 年的云计算、移动通信、社交媒体、大数据分析等通信技术的发展改变了金融服务的方式，使电子商务、电子支付、在线贷款服务和数字货币兴起。基于大数据分析的全过程、多维的信用管理问题是互联网金融市场的关键。Berg 等（2020）通过分析人们在网络上留下的数字足迹发现，即便是收集最简单的数字足迹所获得的信息，其信息含量都大于传统信用评分机构所获得的信息量，并且可以有效挖掘信用白户。对于区块链的去中心化、去信任、集体维护和可靠数据库 4 个技术特点，花旗银行思考了区块链技术的发展业务对传统金融系统的颠覆性作用。传统金融系统具有中心特征，而区块链的运用可形成去中心化金融系统，并且所有金融节点的权利和义务都相等，任何节点停止工作都不会影响系统整体运作（Citi，2016）。由于区块链形成的智能合约可以让数据库和整个系统运作公开透明、自动比较，并且修改数据库的单个节点是无效的，因此系统中的节点无须信任也可进行交易，而且有集体维护节点的功能，使金融的数据可靠（Cong 和 He，2019）。但同时区块链技术的分布式记账也有弊端。公有区块链条上的匿名和分布式的特征也许会导致各利益集团难以协调而形成负的外部性。私有的区块链虽然有利于各利益集团进行协商而将外部性内在化，但又因此很难把握去中心化的特征（Biais 等，2019）。因而还有学者基于区块链的资产结算交易问题进行了理论分析，但在理论逻辑推理中也是喜忧参半，能否运用于实际取决于技术成熟度、政府能力、合约是否合理等问题（Chiu 和 Koeppl，2019）。除此之外，Foley 等（2019）通过对 2009 年 1 月 3 日至 2017 年 4 月底全球公开的比特币区块链的所有完整的比特币交易记录进行研究发现，大约有 1/4 的比特币用户用比特币从事非法活动。对于智能投资顾问技术，学者也发现虽然可以使不活跃的投资者在使用智能投顾工具后激发其投资，并提高其收益，但这一技术也不是所有投资者的"灵丹妙药"（D'Acunto 等，2019）。

（5）金融科技对金融产生的影响研究。

在对金融科技的技术进行——细致探讨的同时，国外学者开始思考这些"双刃剑"似的金融科技在运用过程中对金融业的影响。Vanini（2017）从大数据和人工智能的角度分析，认为金融业在金融科技影响下也许会颠覆性地影响金融的系统性风险和网络风险水平。波士顿咨询集团从零售银行的发展角度认为金融科技对银行也许能起到提高效率、减少成本的作用（Bcg，2015）。运用美国抵押贷款 HMDA（Home Mortgage Disclosure Act）数据，Fuster 等（2019）将金融科技公司的贷款和传统银行的贷款进行了比较，得出金融科技公司借贷平台处理抵押贷款申请的速度提高了 20%，并且提速的同时没有带来更高的违约成本。在金融科技公司借贷平台进行融资的借款者更有兴趣进行再融资。没有发现金融科技借贷平台的放贷者把目标借款人锁定在遭受金融排斥的弱势群体上的现象。Chen

等（2019）发现，若金融科技的颠覆性创新出自一个非金融的创业公司，则金融产业面临损失的可能性较大。但同时也发现，如果颠覆性的金融科技创新出自金融机构本身的研发部门，获得的价值可能更大。金融科技的社会价值如何，Schweitzer 和 Barkley（2017）认为金融科技平台的借款者的借款体验并没有银行借款者的满意度高，因为放贷者往往默认了对方是在银行贷不到款，才到金融科技平台上借款的。CGAP（2014）认为金融科技是有服务于"三农"和"小微"的天然属性的，但同时通过对非洲加纳的调研发现，金融科技难以在贫困地区实现应有的社会价值。诸如年龄、受教育程度、收入、对金融科技的理解能力、数字金融基础设施、社会环境等影响因素的干扰，金融科技不但难以实现金融的包容性，反而容易出现新的金融排他性（Ren 等，2018）。但也有学者把实现金融包容性的希望寄托于中国，认为中国有巨大的农村市场和中小微企业市场，大规模的电子商务发展和活跃的移动网络应用会使中国的金融科技产品和服务无法简单复制西方的模式，将孕育出更多、更广的金融科技创新的可能性（DBS，2016）。

国外有关金融科技的研究覆盖面较广。由于金融科技的发展在西方国家具有连续性，金融市场比较完善，学者对金融科技的技术属性和产业属性非常熟悉。对每一个新技术在经济金融领域的理论分析和实验分析都有涉及，也没有局限于银行业的探讨。但也提出了很多有争议的论题，比如金融科技能否在实际运用中缓解金融排斥？金融科技作为创业企业投入市场或是通过金融机构自主研发，哪样更有效率和效果？这些问题尚且没有定论，并且出现了对中国的实际情况研究较少的弊端。

### 1.2.2 国内研究动态

（1）对"三农"和小微融资难、贵、慢状况的研究。

作为一个农业大国和发展中国家，"三农"和小微融资难、贵、慢的问题比较突出。由于城乡二元经济和金融排斥的现象存在，农村地区和弱势群体相对于城镇地区和富裕群体的金融服务可获得性较低（田霖，2011；陈本凤和周洋西，2013）。传统商业金融机构基于成本收益的考虑，主要服务于国有企业、大型企业等收入和经营稳定的优质客户，而那些有潜力的小微经济主体、农户等长尾客户却受到评估排斥和价格排斥（王金龙和乔成云，2014）。王小华等（2014）采用中国 2037 个县域数据分析发现，农民的信贷可得性与收入相关，收入越高的农户更容易得到贷款。我国也存在金融抑制、金融排斥的现象。我国农村金融服务覆盖不均匀，存在结构性排斥（吴国华，2013）。金融结构不能满足各类主体的融资需求，依然存在着金融服务覆盖率低、融资成本差异过大以及监督监管机制不健全、金融机构趋同化，缺乏有效竞争的问题（郑中华和特日文，2014）。作为农村金融主力军的农村信用合作社经过多年改革，并在股权改制后，以农村商业银行的面貌服务于农村金融市场。在农村金融的增量改革方面，也涌现了许多小额贷款公司、村镇银行等新型农村金融机构，并取得了一些成效。比如，杨林生和杨德才（2014）、杨虎锋和何广文（2014）发现小额贷款公司有效缓解了"三农"融资难的问题，增加了农村金融的有效供给。张兵等（2013）用江苏省的数据也发现村镇银行等新型农村金融机构的设立，能够激发农村金融市场的竞争，填补农村地区金融服务的空白，改善农户信贷可获得性。

　　然而，农村金融市场却依然供需错配，"三农"和"小微"融资难、贵、慢的问题没有明显解决。王曙光和杨敏（2016）认为，虽然近几年农村金融的变化非常可观，大型商业银行、股份制商业银行、城市和外商银行都加入到农村开展业务，但竞争主体还不够丰富，市场竞争的程度还不够充分，导致农村金融当中很大一部分的信贷需求还没有完全得到满足。王晶等（2018）利用 2015 年四省粮食种植调查数据的研究结果表明，目前农村地区受正规信贷约束的农户比例约为 30%，且以需求型信贷约束（即信贷约束是由于农户对贷款条件的认知偏差造成，而未申请贷款）为主。但供给型信贷约束（即农户虽然获得了银行给予的足额贷款，但仍无法满足资金需求）和需求型信贷约束都会对农户粮食产量产生抑制效应，且农户因受到供给型信贷约束产生的损失更为严重。一旦农户的信贷需求得到满足，粮食产量将提升14.6%。同时也发现虽然中小规模的国有企业在普惠金融发展过程中能够更大程度地缓解融资约束，但中小规模的非国有企业反而会增加融资约束（包钧等，2018）。曲小刚和罗剑朝（2013）发现上市后中国农业银行的涉农贷款投放比例下降，对农户的信贷服务不足，县域吸收的存款很多没有用于发放县域贷款。县域金融业务的成本和不良贷款率偏高，而盈利水平偏低。经过存量改革的农村商业银行，也由于经营成本不可控，面临着服务"三农"和"小微"与农村商业银行盈利目标之间的矛盾（董晓林等，2021）。农村地区市场主体的信用水平比城市的信用水平低，农村地区金融机构贷款回收率较低，贷款风险较大，2012年12月至2018年9月农村商业银行的不良贷款率显著高于城商行的不良贷款率，且两者的差距有增大趋势（曾燕等，2019）。

新型农村金融机构也出现非均衡的状态，体现为机构间数量、规模及绩效的非均衡，地域分布非均衡和服务"三农"和"小微"非均衡（刘吉舫和李梅，2017）。浙江省的村镇银行面临吸储难的困境（赵丙奇和杨丽娜，2013）。四川省的村镇银行盈利能力不强、可持续发展难度大，支农作用有限（刘艳和张彼西，2015）。村镇银行的选址和发起人的类型都会明显影响村镇银行的经营绩效和支农绩效（董晓林等，2014；程超和赵春玲，2015）。农村资金互助社则面临着资金吸收能力缓、风险机制薄弱、支农推动力不足等问题（叶李伟和施佰发，2019）。若监管失灵就会导致农村资金互助社风险事件频发，而监管过度又影响其发挥自身功能（彭澎和张龙耀，2015）。小额贷款公司也面临着偏离设立初衷的现象，其在网点布局上主要考虑自身可持续发展的需要，而对于缓解农户融资难、服务"三农"和"小微"的改革使命考虑得少（谭燕芝等，2016；范亚辰等，2018）。小额贷款公司的运营面临着资金下沉困难、融资难、贷款分散不足、大额化明显、法治环境恶劣、信用环境差、成本高等问题（刘鸿伟，2016）。

（2）对"三农"和小微融资难、贵、慢的成因及对策研究。

究其原因，学者进行了多方面的分析。张贺（2017）认为一个有偏的制度安排是导致当前农村金融发展失衡的制度性根源。其典型问题可表现为：农村金融供给市场失灵、金融服务偏好效应明显、基础设施建设薄弱。邹伟和凌江怀（2018）发现经济发展水平和法律制度环境是制约普惠金融缓解中小微企业融资约束的重要因素。金融机构在为农户等弱势群体提供融资服务的过程中由于农户的法律素质较低，金融法治环境脆弱，故意逃债、骗贷等现象存在，金融机构在提供融资服务过程中交易成本过高，并容易面临逆向选择、道德风险、违约风险，导致农村等弱后地区融资服务供给不足（焦瑾璞等，2015；孔慧娟，2018）。此外，农村金融市场信息不对称问题较严重，农业易受自然条件约束，银行业金融机构为了降低自身风险，要求信贷需求者提供合格抵押品。而那些能够极大提高农户家庭债务清偿能力的可交易的耕地和住房财产权又难以在信贷中发挥抵押物功能，农村金融服务面临"资源无效"的困境（孙同全，2017），有效的信用结构难以形成，农户和小微企业面临融资约束，融资需求难以满足（程百川，2016）。同时，于诺（2018）指出农村供给侧改革下农村金融呈现融资总规模需求扩大、需求多元化等金融需求方面的变化，也使农村金融呈现出传统农村金融局部供给过剩、农村金融供给结构性错配矛盾严重、农村金融供给总量不足等新挑战。黄惠春等（2021）则研究发现金融素养水平的不足制约了贫困地区农户的小额信贷需求和小额信贷可获得性。

在普惠金融理念的指引下，对于"三农"和"小微"融资难、贵、慢的破局，国内学者提出了很多综合性的方案。李明贤和周孟亮（2013）认为需解决如何能有效满足弱势群体的融资需求，充分挖掘农村金融市场，使农村等地区的弱势群体也能享受金融产品和服务，并将其培养成活跃的、值得信赖的客户的问题。在城乡经济一体化背景下，张郁（2015）认为需按照"去结构化"思路重构农村普惠金融深化发展的制度安排，支持植根于农村内部的新型合作金融组织的成长和壮大，重塑政策性金融支持农户信贷的体系，推动村镇银行"下乡"设立新的经营网点，是推进农村普惠金融发展的现实选择。潘晓健和杜莉（2017）、蔺鹏等（2017）认为农村金融需要进行结构性改革，一方面整合优化金融市场供给主体的内部资源，提高市场主体的经营效率，增加供给主体、完善供给结构、优化政策体系；另一方面利用现代技术不断满足多样化的农村金融产品和服务需求，吸收农业发展的各种外部资源，健全农村信用监管体系。

基于农村金融机构微观效率和农村金融市场效率不一致，黄惠春（2012）认为需综合"机构观"和"功能观"两个视角，立足于政府和农村金融主体的现实需求进行我国农村金融市场改革，遵循自下而上的改革路径，通过建立多层次、竞争性的农村金融市场，将基础性和实体性农村金融资源有效地整合起来，以提高农村金融机构效率为前提最终实现农村金融有效服务"三农"和"小微"融资的目的。随后还提出可通过普及农村地区金融知识教育的方式改善农户信贷约束，缓解"三农"和"小微"融资难、贵、慢的问题（黄惠春等，2021）。陆岷峰和葛和平（2017）提出中小企业要想与大型企业在金融服务中获得公平享有权，需要政府推出相关政策支持中小企业的快速发展，并加大政府对中小企业的政策扶持力度，以帮助解决中小企业融资的难题。张贺（2017）则认为需进一步完善和发展中国农村金融服务体系，规划创新农村金融信用担保机制，并建立健全中国农村政策性金融体系，构建相关法制化体系。梁信志（2018）、邢乐成和赵建（2019）认为应围绕体制内农村金融供给和体制外农村金融供给相互衔接的制度设计，构建两者分工协作、合作共赢、共建共享的发展体系，优化供给环境，推进供给方式转型，培育和创新供给机制，建立一个功能互补、竞争有序、包容性强的普惠金融体系。孙同全（2017）认为农村金融服务可围绕克服农户家庭"资源无效"的困境，适应农户家庭财务的基本特点，充分利用信用体系的"资源创造"作用进行农村金融供给侧结构性改革。同时面向需求者生产和提供产品服务，持续发挥金融生态和金融功能作用（冯兴元等，2019）。

此外，金融机构也要主动发掘"新三农"的机遇，加大产品服务创新力度，提高服务和风险防控的能力和水平，比如：创新"三农"信贷政策制度和产品；为"三农"客户提供增值服务；利用"互联网+"和现代科技手段创新现代农业金融服务；借助"大数据"等科技手段创新银行"三农"风险管理；推动改善"三农"金融生态环境（程凤朝和刘献良，2015）。通过互联网金融、产业链金融和土地金融进行机制创新，充分运用手机、互联网等现代信息科技手段，进行适合的产品创新解决金融机构惧贷的问题，发挥财政机制和慈善公益机制的作用，进一步进行金融竞争主体多元化的体制创新，并塑造独特的农村金融机构的企业文化，提高"三农"和"小微"客户的黏合度和认可度（王曙光和杨敏，2016；王国刚，2018）。缩短农村小银行信息距离，降低农村小银行组织不经济程度，从而降低代理成本，提高农村小银行的普惠金融服务能力（粟勤，2019）。

　　总的来说，国内对"三农"和"小微"融资难、贵、慢的研究延续了普惠金融的理念，并基于国情长期在国内进行研究和实践。为了解决弱势群体的融资问题，实现金融的包容性，学者从农村金融体系的构建、金融功能的发挥、金融抑制和金融排斥的成因、金融素养的养成等都进行了深入的研究，但农村金融机构对弱势群体提供贷款的不良贷款率一直相对较高、经营成本高、对弱势群体的服务覆盖面不佳。"三农"和"小微"融资难、贵、慢的问题尚未解决。

　　（3）对金融科技的运用状况及影响因素研究。

　　国内学者承接了国外学者的研究，对金融科技的各项技术进行了探讨。金融科技作为舶来技术，在中国的发展也如同其他引进的技术一样，在金融领域"边干边学"，进行了大量的复制和模仿。第三方支付、P2P 网贷、网络众筹等不同于传统金融的新金融模式逐渐成为学界、商界和政界的焦点。但近十年里各种舶来金融科技产品和模式在中国的实践表明，的确如之前提到的一些国外学者研究的那样，金融科技在中国的实践无法简单复制西方的模式，而是需要利用中国特有的国情孕育出更多更好的新产品和模式。最突出的例子如 P2P 网贷在中国的运用。虽然 P2P 网贷平台在西方很受青睐，但自从 2014 年之后 P2P 网贷平台在我国出现井喷式增长，就频繁出现"跑路"、套路贷、提现难、借款人违约等乱象（魏明侠等，2021）。直至 2018 年底，由于当时的 6615 家 P2P 网贷平台中，已有 5542 家 P2P 网贷平台因各种原因停业、倒闭并造成 468 亿元的损失，2019年初我国相关部门发布了《关于做好网贷机构分类处置和风险防范工作的意见》，随后大量 P2P 网贷平台受到整顿、清退和转型（何珏等，2021）。金融科技在我国的研发与运用，跳出了西方固有的框架。除了互联网技术，云计算、人工智能、大数据、区块链等现代信息科技也越来越多地被金融科技企业和传统金融机构运用于金融产品和服务的研发，金融科技也成为了与互联网金融一脉相承的含义更广的实践和研究热点（王祖继和许一鸣，2020）。

娜日等（2016）基于扎根理论对互联网技术运用下的金融服务结构维度进行了分析，提出金融科技公司的互联网金融服务创新是由互联网思维、服务创新实施力和服务创新营销力三个维度构成。网贷平台在我国乱象丛生是由多种因素引起的。刘继兵和李舒谭（2018）认为我国监管不到位、相关法律法规不健全是包括网贷平台在内的金融科技公司的一个隐患。此外，网贷平台收取的管理等费用实际上变相提高了小微企业、低收入者等弱势群体的借款成本是金融科技公司的另一个隐患（李朝辉，2015；胡金焱等，2018）。中国很多提供网贷业务的金融科技公司本身并不具备足够的技术研发能力和数据处理能力（刘芬华等，2016）。同时存在网贷平台将风险转嫁给客户的动机和现象（范渊凯，2018）。并且一些新兴网贷机构的金融风险管理水平并没有传统银行强（皮天雷和赵铁，2014）。而余庆泽等（2019）则用修正的 SERVQUAL 模型对 XK 网贷平台的服务质量、服务质量感知和服务质量差距进行了评测，基于服务质量的基本理论和测量结果提出了以网贷为主营业务的金融科技公司需规范发展，以客户为中心，确保安全、专业、高效，以此创建区域性金融科技服务平台的建议。

（4）对金融科技与普惠金融的关系的研究。

乔海曙和许可（2015）认为金融科技所具有的颠覆效应、互补效应、规模效应以及社会效应使其更具备发展普惠金融、践行普惠金融业务的独特优势。黄益平和黄卓（2018）认为金融科技的本质是普惠。金融科技通过互联网平台建立的移动终端来降低获客成本，用社交媒体和网购平台的大数据进行分析和资信评估，从而降低风控成本。随着农业供给侧结构性改革不断推进，在农村金融需求发生变化且传统金融供给模式不能解决"三农"和"小微"融资难、贵、慢问题的现状下，丁廉业（2018）认为金融科技便捷高效普惠的服务理念能突破时间空间网点的限制，渗透到农村区域，成为不断完善农村金融资源配置的重要方式和农业供给侧结构性改革的重要手段。通过传统农村金融机构的工商银行 e 的案例、大北农"猪联网"的案例以及金融科技企业宜信"宜农贷"的相关案例，郑美华（2019）得出数字普惠金融有助于解决农村金融的抵押约束。然而，也有学者提出了金融科技助力普惠金融的困难。由于我国农村等偏远地区互联网等通信技术的基础设施落后，廖理等（2014）认为偏远地区的互联网和通信信号覆盖面有限、农户等弱势群体的智能手机尚未普及等现象会导致网络借贷等金融科技商业模式在农村金融市场造成新的地域歧视。此外，农村等落后地区的居民本身金融素养相对不足，文化水平有限、生活环境闭塞等因素也阻碍了他们对金融科技产品的理解和使用，在这样的情况下向农村等落后地区推行金融科技产品和服务，会因技术排斥而造成新的金融排斥（郭田勇等，2016；吴本健等，2017）。总的来说，金融科技能否真正实现金融包容性，解决"三农"和"小微"融资难、贵、慢的问题还值得探讨。此外，金融科技作为一种技术创新，应以金融科技公司为载体研发相关金融产品投入普惠金融市场，还是应以传统金融机构为载体进行开发和运用，也值得更深入的探讨。

（5）金融科技对我国传统金融机构的影响研究。

战明华等（2018）认为网贷平台等金融科技商业模式的更大作用是在金融市

场产生了"鲶鱼效应",激发传统银行业金融机构在金融科技的影响下改善银行信贷结构和信贷渠道,给更广泛的长尾客户提供金融服务的动力。《国民经济和社会发展第十四个五年规划和2035年远景目标纲要》提出要加快金融机构数字化转型。然而,虽然我国金融科技市场短时期内发展得非常迅速,金融科技给商业银行带来生机的同时,也从支付业务、信贷业务(特别是中小企业)、理财业务等方面给商业银行带来了前所未有的冲击(王应贵和梁慧雅,2018)。邱晗等(2018)发现蚂蚁金服公司的运营使银行的零售型存款比例下降、批发型融资比例上升,同时造成银行风险承担偏好上升,净息差和贷款利率却下降的现象。金洪飞等(2020)用2010年至2018年261家国内银行数据,也发现金融科技的运用能改善商业银行的风险承担能力,并降低商业银行的风险水平。但由于大银行在资金成本上有优势,金融科技的运用提升了大银行获取客户软信息的能力而降低了中小银行对低风险客户提供贷款的水平,对中小银行产生了挤出效应。刘孟飞(2021)运用2008~2018年26家上市银行的数据则发现商业银行的风险承担倾向因金融科技在金融市场的发展水平的提升而提高,最终也因此提高了中国银行业的系统性风险。刘孟飞和蒋维(2020)选取2008~2017年包括国有商业银行、股份制银行、城市商业银行在内的共68家商业银行数据进行研究发现,金融科技能提升中国银行业盈利能力,但阻碍成本效率的提高。并且,学者们关于金融科技对商业银行绩效的影响结论不统一。刘孟飞和王琦(2021)用2010~2018年33家上市银行的数据以及用百度搜索引擎检索各新闻网页的金融科技词库而形成的金融科技指数分析发现,金融科技在互联网金融产业和金融后台等领域的发展对中国上市银行的经营绩效影响呈现倒"U"形关系,上市银行的净资产收益率(ROE)、总资产回报率(ROA)和考虑到盈利性、流动性安全性的综合绩效指数(PCI)都会受金融科技的影响先升后降,并且对样本中的大中型商业银行的绩效影响大于小型银行。整体上对商业银行的挤出效应大于技术溢出效应,并且对小规模银行的不利冲击更显著。此外,张正平和黄帆帆(2021)基于2014~2018年213家农信结构(包括农村商业银行和农村信用合作社）的数据构建的数字普惠金融指数进行研究发现，数字普惠金融的发展降低了农信机构的社会绩效。这样的实证结果似乎并没有体现前文学者们所说的金融科技的"普惠"本质。

同时，学者提出在新形势下若要实现商业银行金融服务的供需匹配，需要商业银行深入考虑收购、投资与金融科技公司战略合作等方式赋能商业银行风险管理转型，并再造商业银行的核心竞争力（孙娜，2018；姜增明等，2019）。若把金融科技以银行业为载体来发展普惠金融，也许要彻底改变传统银行业态。姜其林和苏晋绥（2018）基于35家银行业金融机构（包括国有银行、股份制银行、城市商业银行、民营银行）的调查，从银行业金融机构数字普惠金融对小微企业和"三农"的服务覆盖面、服务模式、产品创新和能力建设等角度进行分析，提出要让金融科技发挥优势必须要改变银行发展理念和运行机制，解决信息安全隐患、人才不足等问题。谢治春等（2018）则通过6家商业银行的案例分析得出商业银行应从技术支持体系、数字化流程、数字化风控和数字化营销四个方面努力，从外部环境和内部治理两个层面，根据不同的规模和实力差异化驱动商业银行的数字化转型。吕芙蓉等（2015）认为这需要银行的信息系统从原来的以削减流程成本、优化流程结构为主要目的的运作模式，转向利用IT优势与各类企业跨界合作，帮助银行创造价值。还需要从金融服务嵌入的角度将银行产品解构并重构，用电子商务等技术经验和视角构建商业银行金融服务体系和跨组织协同工作流模型。

国内学者对金融科技的研究依然延续了国外学者对金融科技研究的态势，并依据国情进行了金融属性更强的研究。不断从经济金融角度总结了金融科技公司在国内实践的经验和教训，并对金融科技与普惠金融之间的关系进行了探讨，同时研究了中国传统商业银行业的金融科技数字化转型，对相关问题的研究出现了主题相似但研究结果不一致的现象。对农村中小银行的金融科技相关研究相对较少。

### 1.2.3　评述

前文结合国外和国内的相关研究动态，对"三农"和"小微"融资难、贵、慢问题和金融科技两大方面的研究进行细分，对相关研究动态进行了梳理。

一方面，国外对于"三农"和"小微"等弱势群体融资难、贵、慢问题的研究源于以消除贫困为手段来实现经济增长为目的的研究，是在普惠金融理念下的以经济理性为前提的研究。学者运用发达国家和发展中国家的多国数据对资金供给方和资金需求方在经济理性假设前提下的行为决策进行了详细的描述和解释分析，对我国的"三农"和"小微"融资难、贵、慢问题的根源研究提供了思路。但国外学者对于如何有效解决金融市场上金融机构与农户等弱势群体的金融供需矛盾，并在经济理性的事实背景下真正实现金融的包容性等问题考虑的系统性欠缺，研究对象零散，对于政府等第三方主体的地位和作用意见不统一。在国外研究的基础上，我国学者继续在普惠金融理念的指导下，基于中国的国情，做了很多解决"三农"和"小微"等弱势群体融资难、贵、慢问题的研究和实践，但"三农"和"小微"融资难、贵、慢的问题尚未解决。学者对农村金融体系的构建、金融功能的发挥、金融抑制和金融排斥的成因、金融素养的养成等都进行了深入的研究，中国的农村金融机构也在研究的指导下进行了长期的存量和增量的改革，并采取了提升农户等弱势群体金融素养及抵押担保替代等措施，然而，农村金融机构对弱势群体的服务覆盖面不佳，给"三农"和"小微"提供贷款的不良贷款率一直相对较高，经营成本也高。

基于现有的国内外关于"三农"和"小微"融资难、贵、慢问题的研究动态，相关实践和研究似乎基本默认了服务"三农"和"小微"是带有帮扶性质的社会行为，是政策给予农村金融机构的任务。对于问题的解决效果不佳的现象，政界和学术界给出的解决方式是"自上而下"地设立新的金融机构、推动新技术的运用来促进农村金融机构进行变革、开展业务，或是通过政府的政策来引导其服务弱势群体，并通过政策或社会力量提高农户的金融素养。但鲜有学者直面农村金融机构解决弱势群体融资困境的"能力"问题。鲜有人考虑农村金融机构是否真的愿意并能够力所能及地去履行这个职能，又是否有主动性去开拓

"三农"和"小微"这类长尾客户市场。

另一方面，由于金融科技的发展源于西方的信息技术革命，在西方国家的发展具有连续性，金融市场也比较完善，国外学者对金融科技的技术属性和金融产业属性非常熟悉，有关金融科技的研究覆盖面广泛，对金融科技的每一个新技术在金融产业运用的理论分析和实验分析都有涉及，也没有局限于单一银行业的探讨。但对于诸如金融科技能否在实际运用中缓解金融排斥、金融科技是作为创业企业投入市场或是通过金融机构自主研发，哪样更有效率和效果等问题都尚且没有定论，并且国外学者对中国这一特殊的发展中国家虽有关注，但就中国的实际情况的相关研究较少。国内学者对金融科技的研究延续了国外学者的态势，并依据中国的国情更加重视金融属性的研究。不但从经济金融角度总结了金融科技平台在国内实践的经验和教训，也探讨了金融科技与普惠金融之间的关系，同时对中国传统银行业的金融科技数字化转型进行了研究。然而，对相关问题的研究出现了主题相似但研究结果不一致的现象。

目前国内外研究对金融科技包容性的实现体现不足，与农村普惠金融的对焦不精准，对农村金融机构的金融科技发展现状和影响的研究欠缺，也缺乏金融科技对解决"三农"和"小微"融资难、贵、慢问题的深入研究。金融科技作为一种技术，与普惠金融之间还存在着一个载体问题，金融科技能够直接影响金融供给，若供给能与"三农"和"小微"融资需求对接，金融科技才能影响到"三农"和"小微"融资效果。此外，关于目前有关金融科技对商业银行影响的研究实证结果不一致的原因，也许是由学者对样本商业银行的选取不同，并且对金融科技在金融市场的变量设定不同造成的。金融科技以金融科技公司为载体在金融市场的开发运用，与金融科技以传统金融机构为载体在金融市场研发运用，本质上是不同的模式，理应会给传统金融机构带来不同的影响。而目前的研究往往因数据来源受限等，学者惯用通过百度搜索引擎在新闻网页上搜索金融科技相关的关键词来建立词库，都难以准确表达农村商业银行运用金融科技的状况。并且不同的农村商业银行本身的服务覆盖面、经营方式、服务对象等差异也较大，有必要有针对性地进行更加切合实际状况的研究。

因此，本书试图聚焦于金融科技在农村金融领域的运用情况，以金融科技在农村商业银行为主体的农村银行业金融机构的渗透为研究切入点，深入探讨金融科技是否提升了农村商业银行在缓解和解决"三农"和"小微"融资难、贵、慢问题的"能力"以及如何提升的问题。并且，为了更好地聚焦以农村商业银行为代表的农村银行业金融机构的这一能力，本书提炼出普惠能力的概念，并从理论和实证两个层面详细分析在传统技术下农村商业银行在为"三农"和"小微"提供存贷等主营业务时，对这类长尾客户辨别能力低、挖掘能力低、保证客户还款能力低的原因，以及农村商业银行在给"三农"和"小微"提供融资服务时风险不可控、成本高、服务覆盖面小的成因，探讨金融科技提升农村商业银行普惠能力的机理并进行了实证检验，提出了农村商业银行运用金融科技提升普惠能力的可行性方案。

# 1.3　研究思路、研究内容与研究方法

本书试图在目前的大数据、区块链、云计算和人工智能、物联网等金融科技发展背景下，从供给侧结构性改革的角度分析以农村商业银行为金融供给方主体的普惠能力是否提升和如何提升的问题。

## 1.3.1　研究思路

本书的研究思路如图1-1所示。首先，依据国内外研究综述、调研和数据采集，提出目前农村商业银行由于业务风险大、业务成本高、服务覆盖面小等原因

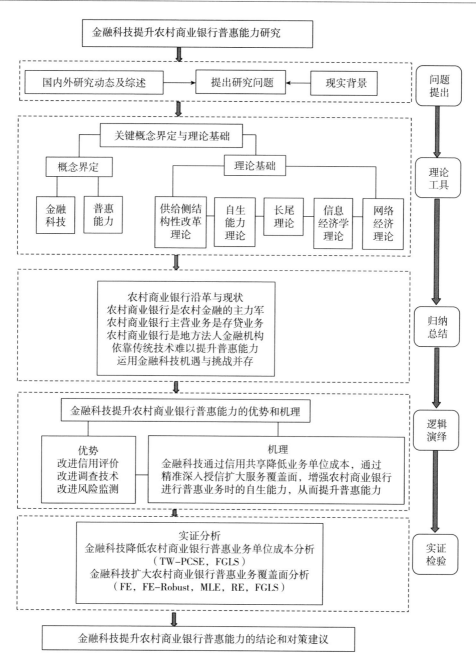

**图 1-1　本书的研究思路**

导致"三农"和"小微"融资难、贵、慢问题依然未解决的现象，结合近几年金融科技的发展和研究动态对金融科技和普惠能力的概念进行界定，并提出本书的理论基础。其次，描述农村商业银行在农村金融市场中的发展历程和运用金融科技的现状，并在此基础上详细分析金融科技提升农村商业银行普惠能力的优势和机理。再次，根据案例和数据依次详细分析金融科技降低农村商业银行业务单位成本、扩大"三农"和"小微"经济主体的服务覆盖面的效果。最后，提出农村商业银行运用金融科技循环持续地提升农村商业银行普惠能力的对策和建议。

### 1.3.2　研究内容

本书界定了金融科技和农村商业银行普惠能力的概念。并从金融科技渗透的角度考虑农村商业银行运用互联网、人工智能、云计算、区块链、大数据等技术创新金融产品，使之更好地给有金融需求的"三农"和小微经济主体等弱势群体提供融资服务的机理、路径和效果。结合目前农村金融市场的发展现状，探讨在金融科技大环境下，农村商业银行的普惠能力如何持续有效提升的问题。具体研究内容如下：

第1章为绪论，介绍了本书的研究背景、研究目的与研究意义、国内外研究动态与述评、研究内容、研究思路、研究方法和研究的创新与不足。

第2章对金融科技和普惠能力的概念进行了界定，并阐述了本书涉及的理论基础。

第3章描述并分析了我国农村金融市场发展过程中农村商业银行的历史沿革和现状，对农村商业银行运用金融科技的状况进行描述。

第4章对金融科技解决农村商业银行提供普惠业务时信息不对称的问题进行了分析，探讨金融科技能否解决农村商业银行给"三农"和"小微"提供融资服务时"风险可控、成本降低、服务覆盖面扩大"不能同时实现的问题，分析金融科技提升农村商业银行普惠能力的机理。农村商业银行投入成本开发金融科技，能建立信用共享机制，更好地规避风险，提升保证客户还款的能力。依据金融科技的网络经济特性能够降低交易成本、管理成本、运作成本等，从而提供更低利率的产品，满足更多潜在客户的需求。前端、中端、后端的技术支持和融合能够精准识别目标客户，提升对"三农"和小微客户的辨别和挖掘能力，从而拓宽服务覆盖面，增强农村商业银行的自生能力，形成"风险可控、成本降低、覆盖面扩大、成本进一步降低、风险进一步可控"的提升农村商业银行普惠能力的良性循环。

第 5 章结合农村商业银行运用金融科技的优秀案例为样本，对前文的机理进行实证检验。着重分析了商业可持续前提下金融科技缓解农村商业银行普惠业务单位成本高的问题。为避开 2007～2008 年美国次贷危机引起的全球金融危机爆发以及 2020 年初新冠肺炎疫情暴发所造成的影响，本部分通过选取 2010～2019 年在农村商业银行金融科技创新获奖案例，对具有突出表现的农村商业银行的业务单位成本进行了一一测算，得出目前农村商业银行对金融科技的运用可以降低农村商业银行业务单位成本。

第 6 章进一步选取了 2010～2019 年有金融科技运用的农村商业银行面板数据，分析了商业可持续前提下金融科技解决农村商业银行对普惠业务服务覆盖面小的问题，结果表明金融科技的运用能够显著提高农村商业银行涉农和小微企业贷款的服务比例，并降低最大十家优质客户贷款的服务比例，证实金融科技在现阶段能够提高农村商业银行对长尾客户的服务覆盖面。

第 7 章结合前文所分析的金融科技提升农村商业银行普惠能力的机理和现阶段实证结果，尽可能详细地提出了在实践过程中要实现运用金融科技循环可持续地提升农村商业银行普惠能力的对策和建议。

### 1.3.3 研究方法

（1）定性与定量分析结合的方法。

运用定性与定量相结合的方法分析我国普惠能力的发展现状及特征，并找到金融科技背景下农村商业银行提升普惠能力的契机。定性分析金融科技在农村金融市场的运用，界定金融科技和普惠能力的概念，分析金融科技提升农村商业银行普惠能力的机理，定性和定量结合分析金融科技持续提升农村商业银行普惠能力面临的现状和环境；定量分析金融科技背景下农村商业银行提高长尾客户服务覆盖面的能力和效果，定性分析农村商业银行业务单位成本的构成，测算农村商业银行的业务单位成本，并定量分析金融科技能否降低农村商业银行业务单位成本等问题。

（2）博弈分析法。

通过博弈论的声誉模型和不完全信息模型对农村商业银行运用金融科技解决信息不对称，增强自生能力，从而提升普惠能力的机理进行分析。

（3）比较静态分析法。

通过比较分析探讨农村商业银行、传统商业银行等互联网金融平台对弱势群体融资服务水平的发展作用的共性与不同点，提炼出普惠能力的概念，并提出金融科技背景下互通互利的"三农"和"小微"融资的服务方案。对农村商业银行运用金融科技的典型案例进行深入剖析，逐一分析样本农村商业银行的大记事，分析金融科技运用的程度和方式，检验金融科技提升普惠能力的机理，总结商业可持续的前提下通过产品创新提升普惠能力的有效做法，为金融科技提升农村商业银行普惠能力提供优化方案。

# 1.4　创新点与不足之处

## 1.4.1　创新点

第一，在研究对象上，本书突破以往从需求的角度解决"三农"和小微经济主体融资难、贵、慢的局限，从金融供给侧角度分析农村商业银行的普惠能力提升的问题，探索农村商业银行作为普惠金融供给方缓解和解决"三农"和小微经济主体融资难、贵、慢的路径和方式，突出了普惠能力的概念及构成要素。

第二，在研究视角上，本书突破了从宏观和中观层面研究普惠金融的主流，突出了目前蓬勃发展的金融科技在农村银行业中的运用，尤其是金融科技对农村商业银行的普惠业务的作用。着重分析微观层面上金融科技对于农村商业银行的客户识别能力、风险管理能力，和在运用金融科技提升普惠能力过程中降低业务单位成本的作用和效果，以及在运用金融科技过程中扩大对"三农"和"小微"的服务面、缩小对最大十家优质客户服务面的作用和效果。农村商业银行观察年份主要集中在 2010~2019 年，避开了 2007~2008 年美国次贷危机引起的全球金融危机爆发以及 2020 年初新冠肺炎疫情发生所造成的影响。

第三，在研究方法上，结合大数据科学、数字科技、行为学和经济管理相关知识，通过多种学科交叉，研究以大数据、区块链、物联网、云计算和人工智能等数字技术对农村商业银行普惠能力提升的机理。在验证金融科技对农村商业银行普惠能力的不同构成要素上，不拘泥于一类方法，而是分别采取适合所研究对象的不同方法。如综合借鉴成本会计学等理论对样本农村商业银行的主营业务单位成本进行了详细测算；用典型案例和微观适度调研相结合的方法度量金融科技，也避免了一些文献用文本挖掘法在百度搜索上提取金融科技词库来构建金融科技指数，这种做法往往难以表述清楚词库构建的合理性（比如区分哪些词汇可以代表农村商业银行已经运用了金融科技、需要多少词汇来构建统一规范的词库等问题）。采取适当的研究方法从而直观反映农村商业银行对金融科技的运用程度，也包含了农村商业银行通过与金融科技公司交易合作或自主研发等对金融科技运用的任意方式，以此得以全面考察农村商业银行金融科技产品的推行效果。

### 1.4.2 不足之处

第一，虽然研究过程中尽可能用已有的资源全面广泛地收集了数据，实证样本是农村商业银行运用金融科技的优秀案例，满足本书的需要，研究方法的创新也符合实际需求。但如果条件允许，希望在今后的研究中能获取更大的样本容量，以便尝试对大型微观样本数据适用的定量研究方法。

第二，本书着重从微观经济学的角度详细分析了金融科技提升农村商业银行普惠能力的机理、效果等。后续可将研究更深入到农村商业银行运用金融科技的金融生态环境的探讨，比如最后一部分所提建议中的金融科技人才培养模式、数字普惠金融素养研究、监管科技、基础设施等方面。

# 第 2 章　概念界定与理论基础

## 2.1　相关概念界定

### 2.1.1　金融科技的概念界定

金融科技从英文 Financial Technology 翻译而来。金融科技在国外的发展有着持续的过程，金融与科技相互融合促进，经历了金融电子化、金融互联网化和金融科技化三个阶段（王祖继和许一鸣，2020；刘斌和赵云德，2019）。我国也在科技全球化的背景下，在每一个发展阶段实现了金融科技在国内的渗透，并呈现了在第二阶段的后期井喷式发展和第三阶段飞跃发展的态势。

第一阶段金融电子化的主要特点是计算机的出现，金融机构利用了当时这一新兴的应用信息技术，实现了基于计算机软硬件的办公电子化。随后银行出现了自动柜员机（ATM 机）、销售点终端机（POS 机）、信贷系统等，并在全球银行业普及。第二阶段金融互联网化的主要特点是互联网的兴起和发展被金融机构所利用。1994 年成立的美国第一联合国家银行是世界上第一个网络银行，1995 年美国嘉信公司成立了证券电子商务平台，打破了金融业务的空间限制。而 1997 年成立的招商银行，也成为了我国第一家拥有网上银行的银行，之后国有银行也开始推行网上银行。同时，我国在 1997~2005 年实现了全国范围内的互联网证券交易业务（刘斌和赵云德，2019）。在互联网技术带来的网络借贷平台的成立和发展中，我国经历了从爆发到整治的过程。自从 LendingClub 网贷平台于 2006 年成立之后，中国的网贷公司拍拍贷在 2007 年成立。直至 2018 年底，我国网贷平台在井喷式发展态势下共成立了 6615 家 P2P 网贷平台。然而在同一年就有 5542 家 P2P 网贷平台因风险爆发等原因停业、倒闭，并造成 468 亿元的损失。互联网技术带来的借贷模式革新，在我国最终只有采取集中整治的措施（何珏等，2021）。与此同时，随着大数据、云计算、区块链等新兴技术的突破性进展，互联网技术与之融合，整顿之后的网贷平台也在这些技术的推动和帮助下进行转型，随之迎来了第三个阶段。第三阶段金融科技化的特点是新兴技术应用对传统金融业的前台、中台和后台都带来颠覆性改变。智能信贷、智能投资顾问等新型金融服务方式接二连三地开发和运用，金融科技成为中国社会热点。新技术下的新金融业务科技属性非常强，在颠覆性技术影响下传统金融机构大都采取与金融科技公司互利互惠等方式抢占商机，稳步转型。

在这样的国内外背景下，随着时间的推移和科技的持续发展与应用，金融科技的内涵和外延在不断扩展。Schueffel（2016）根据 200 多篇关于金融科技（FinTech）的研究成果，总结得出：金融科技的核心概念是金融，是在金融领域用技术来改进金融活动的新金融产业。金融稳定理事会（FSB）将金融科技的定义描述得更详细，认为主要是指由大数据、云计算、互联网、人工智能、区块链、物联网等信息通信前沿技术驱动的金融创新，主要体现为商业模式、新技术应用、业务流程、产品服务等方面对金融市场、金融机构或金融服务造成实质影响的创新（Financial Stability Board，2017）。我国目前延续了国际上的定义，随着数字科技的发展，数字金融、互联网金融和金融科技的概念基本相似（黄益平和黄卓，2018）。互联网作为金融科技的一种基础技术之一在金融领域进行运用，与大数据、云计算、区块链、人工智能、物联网等技术一起融入金融科技的基础技术。金融科技试图用这些基础技术开发出的金融科技产品来提高传统金融效率，给传统金融带来变革性金融思维、手段、模式和服务。

本书聚焦于金融科技在农村商业银行的开发与运用。农村商业银行作为农村银行业金融机构的主体，长期扎根于农村等落后地区，资产规模相对于国有银行等大型银行和城市商业银行小，技术的相关开发与应用也会由此受影响。根据建行大学王祖继和许一鸣（2020）的研究，中国大型商业银行在金融科技的发展中首先经历了离不开物理网点的银行 1.0 时代，然后是开发了 ATM 机和 POS 机等电子系统设备的 2.0 时代，银行也得以利用电子技术延伸物理网点的触角。在智能手机广泛应用之后迎来了随时随地可获得银行服务的银行 3.0 时代。如今在新型技术的发展下踏入银行 4.0 时代，大型商业银行成为构建智能银行服务的主体。而对于农村商业银行来说，由于农村等落后地区智能手机还没有普及使用，数字基础设施水平、客户的文化和金融认知水平有限，农村商业银行还难以踏入银行 4.0 阶段。

因此，本书所界定的金融科技，是农村商业银行通过内部研发、外包或与金融科技公司合作共享等方式，用新兴前沿的数字技术开发出来的能改变农村商业银行金融活动的金融服务创新、业务创新和产品创新。试图探讨金融科技能否从解决农村商业银行提供金融服务时面临的信息不对称难题入手，用开发和运用的金融科技产品提升农村商业银行给"三农"和小微经济主体提供融资服务能力的问题。

### 2.1.2　普惠能力的概念界定

自改革开放以来，我国对农村金融领域的改革一直没有停止，但在经历了存量改革、增量改革，以及农户等弱势群体金融素养提升等各项措施之后，"三农"、小微主体融资难、贵、慢问题依然存在。这不仅与农村金融服务的对象的特殊性有关，也与农村商业银行等农村银行业金融机构对"三农"和"小微"等目标客户辨别能力低、挖掘能力低和保证客户还款的能力不足有关，这就涉及金融机构服务"三农"和小微经济主体的能力问题。本书将这一能力界定为"普惠能力"。

"普惠能力"的概念来源于"普惠金融"。普惠金融（Inclusive Finance）是联合国在2005年提出的概念，直译为包容性金融，与金融排斥相对。泛指合理成本下金融服务的可得性，包括储蓄、信贷、保险及金融咨询等一系列金融服务（Sarma，2015）。普惠金融是立足于机会平等和商业可持续的原则，以可负担的成本向有金融需求的各个社会群体提供合适有效的金融服务（焦瑾璞，2010）。由于以农村商业银行为主的农村银行业机构的目标客户主要是弱势群体，并且主要是通过存贷为主的主营业务来解决"三农"和小微经济主体融资难、贵、慢的问题，因此本书中的普惠能力特指农村商业银行给"三农"和小微经济主体这类长尾客户提供融资服务的能力，主要体现为给"三农"和"小微"等目标客户有效提供成本可负担、商业可持续的存贷业务的能力。同时，基于小额信贷（Micro-credit Loan）给低收入群体提供小额且无担保、无抵押的纯信用贷款，以此达到帮扶目的的特征（李明贤和叶慧敏，2012），本书提出的"普惠能力"不局限于给目标客户提供"小额"且纯信用贷款，也不同于具有帮扶性质的补贴或贷款，突出农村商业银行通过各种渠道和方式给"三农"和"小微"等目标客户提供存贷这类主营业务时，自负盈亏的商业可持续性能力。

可持续的普惠金融服务包含着便利性、产品多样、成本可负担和消费者保护这几个基本要素（曾刚等，2019）。"三农"和小微经济主体融资难、贵、慢的问题之所以难以解决，关键在于"融资难"背后的农村商业银行等给目标客户提供融资服务时的信息不对称而造成的对目标客户辨别能力低、保证客户还款能力低等问题；"融资贵"背后的农村商业银行等给弱势群体提供融资服务的成本高造成的客户挖掘能力低等问题；以及"融资慢"背后的金融服务"机会"不足，也即农村商业银行等提供普惠金融服务的机构覆盖广度不够、使用深度不足的问题。归根结底，是由于这类银行业金融机构给弱势群体提供金融服务的风险难以防控、转移和分担，从而提供金融服务的成本高，收益却不确定，导致农村商业银行等农村银行业金融机构没有动力和能力去给"三农"和"小微"提供融资服务，而更愿意为大客户和经营稳定的企业提供融资服务，从而造成农村商业银行等农村金融机构的"目标偏移"，即社会目标和经营目标难以同时满足。

因此，本书借用"公司能力"来诠释农村商业银行普惠能力中的"能力"，并引入"公司企业家精神"和"社会企业家精神"的概念。企业家精神的英文为 Entrepreneurship，是对企业家能力的一种表述。企业家精神是公司敢担风险创造财富的创新精神。公司企业家精神由公司努力和公司能力组成，公司努力主要成分是生产性努力，公司能力包括学习与吸收能力、创新能力、识别和利用机会能力及寻租能力（欧雪银，2011）。而社会企业家精神是在此基础上引申出的概念，谈论社会企业家精神离不开社会企业，即使用赢利策略的非盈利组织，其运行要遵循双重标准：经济效益和社会效益。这导致社会企业家精神包含"企业"的含义，存在某种风险，但不是利润风险而是社会效益风险（杨宇和郑垂勇，2007）。因此，从某种程度上说，强调普惠能力的农村商业银行由于其双重目标的存在，是一种类似于社会型金融企业的自负盈亏的银行业金融机构，农村商业银行的企业能力包括学习和吸收新技术来创新金融产品的能力，识别和利用新技术、新模式的能力，对目标客户的挖掘、分析和控制违约率的能力。

基于以上分析，本书从目标、业务、流程等方面对农村商业银行进行抽象，农村商业银行的普惠能力可以界定为以下几个方面：①缓解信息不对称问题，控制融资服务风险，给"三农"和小微企业等因潜在风险高而受金融排斥的弱势群体提供融资机会的能力。②以可负担的低成本获取稀缺资源、服务长尾客户的能力。③为形成一种显著、专业、商业可持续的方式提供规模更大、覆盖面更广、服务深度更强的存贷产品的能力。

# 2.2 理论基础

### 2.2.1 供给侧结构性改革理论

根据国家行政学院经济学教研部（2016）编著的《中国供给侧结构性改革》认为，供给侧结构性改革是在我国面临着结构性有效供给不足、中低端产品过剩、传统产业产能过剩、房地产库存高、高端产品不足和地方政府债务风险不断累积的供给体系问题之后提出的，目的是从供给侧的角度来缓解和消除我国当前供给体系的一系列问题，最终实现供需平衡。与西方经济学史在 19 世纪中期以"供给创造需求"而闻名的萨伊定律不同，我国供给侧结构性改革理论的提出是基于我国自身经济状态，在改革开放以来一直采取的需求侧管理取得了成绩，但随着时间的推移产生了问题之后，中国学者独立研究形成的基于市场经济体制而提出的理论。在金融市场，一个突出的供给侧结构失衡表现为长期存在较大范围的融资难、贵、慢问题。2015 年 4 月 15 日，国家统计局发布，融资难、贵的问题是近两年实体经济中反映比较突出的问题。给中小微企业和农户提供贷款的机构依然面临着成本高、风险大、收益低的问题。金融越发与实体经济脱节，越发表现为"嫌贫爱富"。银行结构上中小银行融资能力有限，而国有银行和大银行主导的金融流程不适合中小企业融资（高惺惟，2020）。

因此本书根据供给侧结构性改革理论中有关金融供给侧改革的思路，探讨农村商业银行能否以金融科技为契机提高普惠能力，如何缓解给"三农"和"小

"微"客户提供融资服务时的成本高、风险大、收益低等问题。

### 2.2.2　自生能力理论

自生能力主要指企业自生能力，是指一个企业在开放、自由竞争的市场环境中，能够拥有正常的管理水平，不依靠政府或其他外界的力量就可以获得一个正常的且社会可以接受的预期利润水平的能力（林毅夫，2002，2017）。一个自生能力强的企业可以通过自负盈亏的经营，不需要依靠外界的作用力，便能实现自身的商业可持续发展。农村商业银行属于自负盈亏的银行业金融机构，普惠能力的提升关键是需要农村商业银行自生能力的提升，即提升农村商业银行在不需要依靠政府的补贴和外界的资金补助等方式就能够在给"三农"和"小微"等目标客户提供融资服务时达到预期的利润水平的能力。这需要农村商业银行在经营业务时把业务风险控制在合理区间，并通过技术和内部治理等手段突出农村商业银行经营业务的比较优势，从而提升其经营普惠业务的竞争力，在给弱势群体等目标客户提供业务时，达到成本降低、资金增多、盈利增多和坏账减少等经营目标。

那么，自生能力作为农村商业银行普惠能力的核心，农村商业银行面临给"三农"和"小微"客户提供融资服务时的成本高、风险大、收益低的问题，其自生能力能否提升可以体现为对风险及成本的控制力和运用前沿技术进行创新的创新力能否提升，以此探讨以技术和内部治理增强控制力和产品创新力为手段，提升其普惠能力的问题。

### 2.2.3　长尾理论

长尾理论（The Long Tail Effect Theory）由克里斯·安德森（2006）在研究亚马逊网店和零售超市沃尔玛的销售情况后提出。克里斯·安德森认为商品的需求曲线是一条拖着长尾巴的左高右低的曲线，在统计学中呈现帕累托分布（见

图 2-1）。沃尔玛等实体零售超市更关注需求曲线的头部，其总收入的80%由销售占总产品20%的畅销产品获得，而拖着长尾的非热卖品（利基"Niche"产品）销售却只能占沃尔玛总收入的20%。然而，诸如亚马逊等网店，由于所有的产品都可在网络上同等概率地搜索到，客户可以完全根据自己对产品的需求进行购物决策，其销售的产品大都是非畅销产品（约占98%），虽然这些"个性"产品的单个品种销售量不大，但众多不同品种的个性产品也给公司带来不亚于销售畅销品所获得的利润。长尾理论主要关注于需求曲线中细长的尾部，认为只要存储和流通的渠道足够多，那些不被重视的非主流产品同样可以满足客户差异化的需求，其细长尾部可以变成肥大的尾部，这些非主流的利基产品交易所产生的收益甚至比头部畅销产品交易所产生的收益更多（克里斯·安德森，2006）。

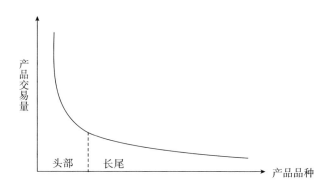

**图 2-1　长尾效应示意**

在金融市场中，按照长尾理论的解释，那些受金融机构青睐的稳定企业、大客户属于金融市场中银行存贷款业务的优质客户，在需求曲线的头部。这类客户大都是大额集中的存贷款，单笔存贷款占总存款和总贷款的比重很大。而"三农"和"小微"等受到金融排斥的客户，则属于长尾客户，也是农村商业银行等农村银行业金融机构的目标客户。这类客户数量多，其存贷款往往具有小额分散的特点，融资需求具有差异性，且融资需求往往因为受到金融排斥而不能在传统金融机构得到满足。本书则基于长尾理论，探讨以金融科技改变农村商业银行对长尾客户的挖掘、识别和控制风险能力的可能性和方式，以此以可负担的成本打通农村商业银行为长尾客户提供存贷款业务的渠道，提高业务能力，促进"三农"和"小微"融资难、贵、慢问题的解决。

### 2.2.4 信息经济学理论

信息经济学理论主要是基于不完全信息经济分析和非对称信息经济分析形成的不同于传统经济学的经济理论。传统经济学是基于理性人假设条件下的完全信息、完全竞争市场的经济分析，认为价格是完全市场信息的直接反应。由于信息是对称的，完全信息的获得不需要成本，基于个人利益最大化的个人理性所做出的决策，最终可以通过价格进行完全信息的对称交易，以市场这只"看不见的手"自发地达到集体理性的效果，即在个人利益最大化实现的同时实现集体利益最大化的帕累托最优状态（胡希宁等，2003）。然而，现实经济社会活动中，这种理想状态几乎达不到，也即形成了信息经济学理论的主要论点。信息经济学认为在现实经济生活中完全竞争和完全信息的状态往往是不存在的，由于信息不完全，人们在交易之前需要对信息进行搜寻和辨别，而这需要付出搜索、甄别等成本，最终的交易价格反映的不仅是要素价值还包括了搜索和甄别信息所花费的成本。同时，由于信息不完全且不对称，以个人利益最大化的交易往往不能实现集体利益的最大化，"劣币驱逐良币"、道德风险、逆向选择等现象时有发生，难以实现市场出清、供需平衡。

在农村金融市场中，基于信息经济学的理论，由于不完全信息和信息不对称问题的存在，农村银行业金融机构难以在发放贷款前得知目标客户的信用水平，也难以甄别客户在放贷之后是否会违约，因此以农村商业银行为代表的农村银行业金融机构只有花费更多的搜索成本、甄别成本、管理成本、代理成本等来克服信息不对称造成的障碍。当需求侧的农户等弱势群体无法提供有利于甄别其信用水平的抵押担保品或者无法承担过高的贷款利率，而供给侧的农村商业银行等农村银行业金融机构由于资金和技术限制，又无法花费更多的费用和精力去挖掘、识别、管理"三农"和"小微"这类目标客户时，融资交易则无法自发有序地进行，最终引发金融排斥、信贷配给等问题，最终造成"三农"和"小微"融资难、贵、慢的现象。

本书在信息经济学所描述的不完全信息和信息不对称的现实环境中，探讨农村商业银行能否利用金融科技来提高识别客户、挖掘客户、保证客户如约还款的能力，降低相应的交易成本，也不依赖于抵押品和高利率贷款，从而提高为"三农"和"小微"等长尾客户提供融资业务的效率和效果，以此提升其普惠能力，解决农村金融市场供需不平衡的问题。

### 2.2.5 网络经济理论

网络经济理论是基于互联网等通信技术的发展而形成的理论，主要有以下几个定律：由梅特卡夫定律（Metcalf Law）可知，网络价值与网络用户数量的平方成正比，也即 n 个用户（联结点）能创造 $n^2$ 的效益。克拉底定律（Kryder's Law）则指出电脑硬盘的存储记录密度每 13 个月提高 1 倍（每 10 年半提高 1000 倍）。同时摩尔定律（Moore's Law）证实单片硅芯片（微处理器）的运算处理能力和速度在每 18 个月会翻 1 倍（每 10 年会快 100 倍），价格却减半。除此之外，吉尔德定律（Gilder's Law）表明通信系统主干网总带宽的增长速度比摩尔定律预测的 CPU 增长速度快 3 倍，并且随着通信能力的提高，上网的费用会下降，走势按照"渐近曲线"的规律，每比特传输价格无限接近于零（杨培芳，2012）。因此人们如今可以用智能手机等多种方式随时快速地获取网络咨询。一方面，网络的价值会随着使用者数量的增加而呈算术级增长；另一方面，上网的成本则呈指数级下降（曾刚等，2019）。不同于传统经济条件下劳动力、土地等生产要素的边际收益递减和边际成本递增的普遍规律，网络经济呈现边际效益递增和边际成本递减的规律。信息网络成本唯一可能增加的是当上网人数增多，对信息的处理、制作、管理等成本会上升，但由于网络建设之后可以长期使用且与信息如何传递无关，而网络信息传递成本本身又会呈现下降趋势，因此普遍认为互联网的发展可以给网络经济带来收益递增的效果，具有累积增值性，信息使用的覆盖面扩大可以带来递增的收益。要使网络信息的使用规模扩大，则须遵循达维多定律（Davidow Law）所说的不断创造新产品，淘汰老产品（李开复，2000）。

金融科技作为信息网络发展的产物，具有信息网络特性和网络经济特征，基于网络经济的相关定律，本书探讨农村商业银行等农村银行业金融机构能否和如何通过遵循网络经济的发展规律来有效利用金融科技，对目标客户的融资服务进行创新和改进，从而在控制风险的同时降低运营成本，并达到对目标客户的服务覆盖面增大，且覆盖面能越来越大的效果。若农村商业银行在运用金融科技之后能够发挥金融科技的网络经济特性，那么基于以上网络经济的定律，农村商业银行按理可以通过运用金融科技来达到为"三农"和"小微"提供融资服务、扩大服务覆盖面的同时，降低信息的收集成本、人力成本、传输成本、管理成本等，提升其普惠能力，解决对"三农"和"小微"等弱势群体提供融资服务难、贵、慢的问题。

## 2.3　本章小结

本部分对关键概念进行了界定，并阐述了研究涉及的主要理论基础。本书所界定的金融科技，是农村商业银行通过内部研发、外包或与金融科技公司合作共享等方式，用新兴前沿的数字技术开发出来的能改变农村商业银行金融活动的金融服务创新、业务创新和产品创新。普惠能力从农村银行业金融机构对"三农"和"小微"融资难、贵、慢问题的解决入手，将农村商业银行的普惠能力界定为以下几个方面：①缓解信息不对称问题，控制融资服务风险，给"三农"和小微企业等因潜在风险高而受金融排斥的弱势群体提供融资机会的能力。②以可负担的低成本获取稀缺资源、服务长尾客户的能力。③为形成一种显著、专业、商业可持续的方式提供规模更大、覆盖面更广、服务深度更强的存贷产品的能力。

基于供给侧结构性改革理论、自生能力理论、长尾理论、信息经济学理论和网络经济理论，本书从供给侧入手，聚焦于农村银行业金融机构的主要代表——农村商业银行的经营环境和经营模式，探讨其在不完全信息的现实金融环境中，能否和如何运用金融科技并发挥网络和经济特性来解决给"三农"和"小微"这类长尾客户提供融资服务时面临的信息不对称难题，能否和如何用开发运用的金融科技产品提升农村商业银行为"三农"和小微经济主体提供融资服务的效果，让农村商业银行自负盈亏且可持续地提升自身普惠能力的问题。

# 第3章 农村商业银行的历史沿革与现状分析

农村商业银行是农村金融存量改革过程中农村信用社股份制改革的产物，2001 年，全国第一家农村商业银行改制完成，2011 年，监管层提出要全面完成农村信用合作社的股份制改革。根据《全国农村中小银行机构行业发展报告2021》，目前已有安徽、湖北、江苏、山东、江西、湖南、广东、青海 8 个省份和北京、上海、天津、重庆 4 个直辖市完成了农信机构的股份制改革，全部改制为农村商业银行。农信领域目前在各个区域基本形成了"省级联社——农村商业银行"的组织架构，进行区域内的运营。其资产规模与各个区域的经济发展水平息息相关，广东省、江苏省农村商业银行的资产规模与经营水平明显好于其他相对落后地区农村商业银行。农村商业银行的沿革与现状，体现出农村商业银行特有的社会属性、经济属性及由此带来的农村商业银行运用金融科技的特有状况。

# 3.1 农村商业银行的历史沿革

追溯农村商业银行的发展历程，农村商业银行是农村信用合作社股权制改革的产物。全国最早的农村信用合作社是中国共产党于 1929 年在闽西苏区向农民募股建立的，从本质上来说，其诞生之初就有两个目的，一是扎根于农村，帮助农民生产，自给自足；二是打破当时战争时期的经济封锁，巩固中国共产党的政权，稳定金融，服务于工农群众。农村信用合作社一直是服务"三农"的主力军，也一直带有革新的本色，为打击高利贷、废除各种旧社会的债务和重建农村金融体系起到关键作用。但其革新的本色没能跟上改革开放、体制改革和经济社会发展的步伐，诞生之初的行政色彩反而变相导致农村信用合作社一直存在着产权关系不明晰、行政干预过重，公司治理过程中容易"甩包袱"，依赖政府补贴或其他补助，自负盈亏的观念不强等弊病。因此，农村信用合作社在 1949 年后的每个关键时期，都是农村金融机构存量改革的关键一环，并在 2003 年形成了以农村信用社为主的农村金融体制改革深化的阶段（李明贤等，2018）。与此同时，为更好地促进农民增收、解决"三农"和"小微"融资难、贵、慢的问题，进一步解决农村金融供给不足的问题，激发市场竞争活力，消除农村信用社在农村金融供给上的"一社独大"问题，我国从 2006 年开始进行农村金融机构增量改革，允许在农村地区设立新型农村金融机构（如村镇银行、贷款公司、农村资金互助社等）。新型农村金融机构的广泛设立，给农村信用合作社带来了很大的竞争压力，要求其不断提升自身的经营能力和可持续发展能力。在这样的环境下，大量农村信用合作社股份改制为农村商业银行，目的是优化股权结构、明晰产权，提升自生能力和自主经营的意识，以此满足农户日益增长的融资需求。农村信用合作社以农村商业银行的新面貌继续发挥农村金融主力军的作用，服务于"三农"和小微经济主体。

# 3.2　农村商业银行的现状

### 3.2.1　农村商业银行是农村金融的主力军

虽然经过农村金融的存量和增量改革，激发了农村金融市场的活力，但相比其他农村银行业金融机构，农村商业银行依然是最活跃最有效的主要融资业务供给者。一方面，包括中国农业银行在内的大型国有商业银行股份改制后，由于经济理性对农村地区的金融供给产生了不同程度的金融排斥，需要资金的"三农"和小微经济主体因无法提供合适的抵押担保品等而无法满足资金需求。留在农村地区的网点也大多是为了吸收农村地区的储蓄，再用这些储蓄投向高回报城市和产业。导致农业贷款余额在金融机构全部贷款中占比下降，农村地区人均贷款余额不到城市地区的 1/10，即便是邮政储蓄银行，只要城市有更好的盈利机会也会把资金转向城市（邱晖，2018）。作为我国唯一一家农业政策性银行的中国农业发展银行虽然能承担和完成"三农"任务，但服务面很窄，只能支持国家粮棉购销储业务、农业产业化经营和农村农业基础设施建设，基本不涉及广大农户和一般性资金需求。而且中国农业发展银行资金投放的数量很有限，贷款余额不超过金融机构贷款总余额的 4%，其资金主要源自中国人民银行的再贷款和财政资金拨付的金融债券，缺乏审慎经营的有效激励（邱晖，2018）。另一方面，新型农村金融机构的发展在一定程度上激活了农村信贷市场，弥补了"空位"，加强了对偏远农区的金融服务。然而农村资金互助社发展缓慢（全国仅有 45 家），且从 2012 年下半年开始已不再审批设立农村资金互助社。由于运营成本高、审慎性的监管原则不符合农村资金互助社的特殊性（如浙江瑞安汇民农村资金互助社 2015 年的运营成本和营业税及附加占利息净收入的 49.5%，共 90 万元），导致农村资金互助社发展不可持续。此外，小额贷款公司逐渐违背了"让民间资本合法化进入农村金融市场，抑制高利贷，加强农村金融市场的竞争"的初衷。近几年的经营环境出现较大挑战，小额贷款公司机构数量和贷款余额从 2015 年开始逐渐减少，机构数量从 2015 年的 8910 家减少到 2019 年 3 月末的 7967 家。贷款余额从 2015 年的 9411.51 亿元减少到 2019 年 3 月末的 9272 亿元，并且在 2019 年第一季度就减少了 273 亿元。小额贷款公司只贷不存的性质和不清晰的定位使其监管多头，资金来源受限，可持续能力和竞争力不强，自负盈亏的性质又使其产生目标偏移，服务"三农"和"小微"的深度和广度不足，效果不佳（李明贤和周孟亮，2010；范亚辰等，2018）。另外，根据中国村镇银行发展报告（2016），村镇银行处于盈利状态的占 80%，其余有 200 多家处于亏损状态。且从目前发展最好的中银富登村镇银行的数据来看，2018 年的净资产收益率为 6.71%，低于主发起行中国银行净资产收益率 5.89 个百分点（曾刚等，2019）。此外，村镇银行虽然是在农村普惠金融体系框架下专门设立的新型农村金融机构之一，但村镇银行在密度覆盖、业务覆盖和目标客户覆盖上仍然存在不足：欠发达县区鲜有服务乡村的村镇银行；在业务的提供上由于高额运营成本和高风险，业务停留在传统模式上，支农支小积极性不高；并且村镇银行相比国有银行和农村商业银行（农村信用合作社）对客户来说信用认可度相对不高，而不愿意选择村镇银行获得金融服务（刘江蒙和杨宁生，2014）。同时，很多经营较稳定的村镇银行大多是农村商业银行作为主发起行发起设立的，比如上海农村商业银行设立了 35 家村镇银行，无论是在公司治理、科技赋能还是在人才队伍建设上，这 35 家村镇银行都是由上海农村商业银行帮扶并提供保障（中国银行业协会农村合作金融工作委员会，2022）。种种迹象表明，目前能够充当农村金融市场融

资服务主力的农村银行业金融机构依然是与农村信用合作社一脉相承的农村商业
银行。

### 3.2.2　农村商业银行的主营业务是存贷业务

农村商业银行作为中国农村中小银行业金融机构最活跃的代表，主营业务依
然是存款和贷款。非信贷资产占比逐年下降，且增速低于信贷资产增速。在国家
"金融服务实体经济，控制金融脱实向虚"的号召下，全国 11 家上市农村商业银
行的买入返售、拆出资金、存放同业等业务占非信贷资产业务的比重从 2016 年
本就不多的 21.65%一直下降到 2020 年的 18.51%。此外，存款依然是信贷资金
的主要来源，利息收入占大头。中国农金商学院课题组（2022），全国农村商业
银行零售存款占各项存款的 70%，但同时定期存款又占零售存款的 70%，体现出
客户不活跃、付息成本高等隐患。农村商业银行 80%以上的综合收入来源于占比
小于 20%的重要客户，出现依赖高质量客户，却对老客户维护不足，对潜在客户
和目标客户挖掘不深，储蓄产品单一等情况。

### 3.2.3　农村商业银行是地方法人金融机构

由于长期受到产权关系、体制沿革、经济理性、路径依赖等因素的影响，农
村信用合作社改制成农村商业银行的进度是缓慢的。保持农村商业银行的地方法
人金融机构性质是金融供给侧结构性改革的必然选择，也是保持农村商业银行发
挥支农支小职能的必要手段（闵达律，2020）。农村商业银行由地方政府管理，
具有特殊的管理体制，农村商业银行的规模较小，且基本上由省联社代表地方政
府进行管理，使其能更好发挥支农、支小的效能。对于那些由于资金和技术受限
而不能进行金融科技开发的农村商业银行，可以依靠省联社建立的本区域金融科
技平台系统，连接各部门有关"三农"和"小微"客户的数据，进行金融科技
的运用。然而，即便是由农村信用合作社改制成功的农村商业银行形成了规范的

公司治理结构，在地方法人所形成的管理体制下，农村商业银行所保持的较小规模，又导致其依然面临着资本金缺口大、资产质量相对较差、运营成本高、风险化解难度大、产品单一、财务目标和社会目标难以统一等问题。此外，过度依靠省联社进行金融科技相关业务的农村商业银行难以真正提升对客户数据的掌控和处理能力，客户数据的更新和实时性也欠佳，普惠业务的成本依然较高，自主性较差，竞争力不足，难以主动且可持续地给"三农"和小微经济主体提供融资服务。

### 3.2.4　农村商业银行依靠传统技术难以提升普惠能力

对于农村商业银行来说，由于农业的弱质性、农户离金融机构网点距离远、农民缺乏足够的金融素养和抵押担保品等原因，导致农村商业银行因信息不对称带来的授信阻力突出，因而向"三农"和小微经济主体贷款的意愿低、利率高，普惠业务的风险大，长尾客户融资难、贵、慢问题突出，普惠能力难以提升。银行授信主要包括信用评价、调查技术、风险监测等方面（郭欣蕾，2019）。传统技术条件下有效授信的根本矛盾是信息不对称，主要体现在有效信用评价、调查技术、风控等的难点大、成本高，从而普惠能力难以提升（李明贤和陈铯，2021）。

（1）依靠农村商业银行员工授信导致业务成本高、业务拓展慢。

在传统信贷技术条件下，依靠员工授信是农村商业银行授信技术的特征之一。农村商业银行通过信贷员走访客户获得贷款户的软信息，解决信息不对称问题，尽可能达到有效授信。由于农村地区基础设施相对较弱，农户与金融网点相距甚远，对农户信贷的审核需要员工深入所负责区域的农村和农户，借助农村熟人社会形成的天然社会网络。一方面调查贷款需求、宣传贷款政策，了解客户经营状况、贷款使用情况；另一方面还需通过帮助农户和小微主体解决现实困难，从情和理两个方面与其达成长期信任关系，在挖掘新客户的同时，有效追收贷款。这需要农村信贷员不断走访乡村，收集和维护农户的收入、经营状况等"硬信息"，以及邻里之间对其评价的"软信息"。

但由于时间、精力、条件等的限制，这种方式最大的缺陷是交易成本高，信贷人员工作量繁重、效率低，金融服务的覆盖面拓展慢。如新疆农村信用合作社的信贷员平均每人服务并管理 600 多户农户和近 4000 万元的农户贷款余额；农行吉林省分行一位信贷员一般需要负责 3 个乡 13 个村的业务。这些地方地广人稀，农户之间相距甚远，信贷员的工作量普遍较大。加上生产经营等动态变化特性，农业生产的不确定性本身相对较高，农户的法治观念相对较低，单笔贷款的数额相对较少等，导致业务拓展往往较慢。加上对信贷风险的控制力有限，寻租和关系贷款时有发生，为了逃避不良贷款的追责、降低搜索成本和"皮鞋成本"，农村信贷员往往放弃挖掘长尾客户，导致覆盖面难以拓展。另外，农户贷款手续繁杂、周期长，且次年申请贷款又需重新办理贷款手续，而且贷款的申请、评级授信、调查、审查审批等环节需各种纸质资料达 40 多页，需联保和担保的 10 余人签字，往返金融网点的交通成本 200 余元，在还贷时又需要在网点排长队办理还贷手续等（北京大学数字金融研究中心课题组，2018）。种种弊端导致普惠业务的成本高、业务拓展慢，"三农"等融资难、贵、慢等问题难以解决，农村商业银行无力提升普惠能力。

（2）依靠第三方征信体系授信难以有效解决信息不对称。

除了员工授信，农村商业银行还可利用第三方征信机构的客户信用报告，寻求对客户的有效授信。与农村商业银行自行采用人工调查降低信息不对称的措施相比，第三方征信可用更低的成本汇集更多的信用信息。目前我国已基本建成以中国人民银行征信中心为核心的征信体系，这一体系以银行和金融机构的信贷信息为核心，接入了商业银行、农村信用合作社、财务公司、小额贷款公司等放贷数据，以及社保、民事裁决等公共信息（北京大学数字金融研究中心课题组，2017）。然而依托以中国人民银行征信系统为核心的征信体系授信也面临困境。

一是其数据来源比较单一，除了被征信者自己主动提供信息外，其他信息主要来自此客户在银行的借贷信息和政府相关部门记录的此客户的财务、社保、住房公积金、身份和职业等信息。而与农户和"小微"企业息息相关且更能说明其信用状况的信息，比如生活情况、日常诚信等信息却因传统授信的技术缺陷无法搜集，因而无法准确衡量客户的真实信用水平。不完整的数据来源导致被征信者的信用画像难以精确。二是个人信用覆盖率低。现有征信体系征集的信息局限于有信贷交易记录的个体，对"三农"的信用数据覆盖率很低，据此无法判断"信用白户"的信用水平。三是传统授信系统的信用评价模型较固化，只能在现有数据项中提取变量，而不能通过增加变量、改变模型来评估信用（钱卫宁等，2018），因而难以应对信息化时代的信息交易需求。四是对个人信息掌握碎片化，且数据难以移植。信息化时代的信用信息分散，而不同部门、地区、行业的信息平台不兼容，虽然2015年开始批准了芝麻信用等8家个人征信公司，但个人征信机构之间掌握的数据存在信息孤岛问题，公司通过自身平台搜集和管理的征信信息没有形成共享机制且信用评价标准也不统一，容易出现信用评价"同人不同信"问题，从而降低信用报告的客观性（熊学萍等，2010）。并且当用户再次向另一家贷款机构申请借贷时，上一次成功借款的信用评估结果并不能成为这次申请的佐证材料（钱卫宁等，2018）。这导致难以形成可靠的征信报告来充当抵押担保的替代品。此外，由于农村征信滞后于城市，农村征信数据收集困难，农户信用数据基本依然需要依赖于农村信用合作社在业务往来间自行收集的数据，且农户的个人信用记录已作为农村信用合作社的一个独享资产，信息几乎不共享（熊学萍等，2010）。由于新型和小微金融机构以及网络借贷平台目前不能将客户借款和违约信息上报至中国人民银行征信中心系统，借款人在此类机构和平台违约时，不会影响其在中国人民银行征信系统的征信记录，无法有效形成还款约束。因此，总的来说，依赖以中国人民银行为中心的征信系统对农村商业银行的客户授信，其效果不尽如人意，信息不对称的问题依然难以解决，普惠能力依然难以提升。

### 3.2.5　农村商业银行运用金融科技的机遇与挑战并存

（1）各农村商业银行运用金融科技的差异化明显。

目前金融科技在农村商业银行中的运用程度层次不一，差异化明显。一方面，走在前列的农村商业银行已可进入"数智化"转型阶段，大数据等基础支撑较完善，线上的业务布局、数据治理和线下触点的柜员机、回单机等智能化转型的初步工作也已完成。农村商业银行根据所在区域的特点和民俗，将金融科技嵌入生活场景，将线下业务与线上业务对接，形成标准、批量的业务全流程，开发新产品。比如颍东农村商业银行与当地医院合作开发"银联通"平台，方便客户的医疗支付，也以此掌握客户信用等数据，为农村商业银行自身业务的拓展带来新机遇。另一方面，走在中间位置的农村商业银行则在零售等个别领域"边试边行"，探索式地进行金融科技创新和推行。比如，广州农村商业银行推行了悦享融、村民 e 贷产品等；苏州农村商业银行开始使用数字员工，即 RPA（机器人流程自动化）；扬州农村商业银行依托大数据实现客户分布图、热力图分析，进行全流程数字化管理。同时，还存在一批农村商业银行，保持着传统的经营方式进行线下审批、发放信贷等业务，由于种种原因没有进行金融科技的创新和运用，没有进行数字化转型。也有一些农村商业银行只是表面上做了相关的部门设置，却没有真正实现数字化。比如西北某农村商业银行虽建立了数字零售部，但只是把之前的个人贷款部和电子银行部简单合并，渠道建设、大数据分析等职能却空缺（中国农金商学院课题组，2022）。

（2）农村商业银行运用金融科技面临同业竞争的环境。

2016 年，中国金融科技直接投资位列全球第一（刘园等，2018）。2017 年和 2018 年中国金融科技营收规模分别达 6541.4 亿元和 9698.8 亿元，2020 年升至近 2 万亿元（刘孟飞和王琦，2021）。截至 2020 年 8 月，国内已有 12 家大型银行投资设立金融科技子公司，各大银行在金融科技方面的投入大致占总营业收入的 1%～2%，部分银行投入甚至达 3% 以上（刘孟飞，2021）。随着大型商业银行金融科技的广泛使用以及金融科技公司的兴起，农村银行业金融机构面临严峻的竞争压力和溢出效应，也开始运用金融科技进行金融服务创新，以缓解为农户等弱势群体提供信贷等金融服务时面临的信息不对称而带来的风险高、成本高、效率低等问题（李明贤和陈铯，2021a，2021b）。新网银行作为服务"三农"和"小微"的新兴互联网银行，自 2016 年成立以来，用与传统银行完全不同的经营理念，不设物理网点和柜台服务，运用数字科技的前沿技术，以"普惠补位"为市场定位，"数字普惠，开放连接"为特定战略，截至 2019 年第二季度，服务客户超过 2490 万人，累计放款金额 2617 亿元，贷款余额超过 840 亿元，借款笔数 7868 万笔。近 80% 的客户来自三线、四线城市和农村地区，其中服务农村用户 283 万人，服务小微企业主 1.1 万户，在四川省 88 个欠发达县授信超过 14 万人，贷款户数 5.72 万户，发放贷款 6.81 亿元，信用"白户"占比 15.12%[①]。同时，农村商业银行以外的小型农村银行业金融机构也开始了小范围的金融科技尝试。比如，昌吉国民村镇银行在 2015 年 4 月开始试运行新一代手机银行，实现了"首页""手机银行""蜜生活""我的"四大板块，打造全新客户体验，并且可以免除客户办理银行卡的工本费、年费、跨行异地交易手续费、短信服务费等，至今免除银行卡费用约 580 万元，惠及 13 万人次。富登小额贷款有限公司通过线上和线下结合的方式提供全面化的数字普惠金融服务，将线下管理体系与 IT 系统结合，对渠道管理、产品经理、反欺诈分析、分析策略、算法工程、数据建模等岗位进行专项设置，实现线上与线下无缝对接，可线上全流程开展网络信贷业务，针对不同人群和消费场景，刻画多维度需求标签（曾刚等，2019）。

总的来说，金融科技在各类银行业金融机构的运用情况与资产规模、银行的数字基础设施建设程度以及对新兴技术的掌握能力和应用水平息息相关。对于那

---

① 参见新网银行数字普惠季刊，http：//www.xwbank.com。

些规模小或者对金融科技相关技术掌握不足的农村银行业金融机构来说，运用金融科技的进展比较缓慢。金融科技在农村金融领域的渗透，使农村商业银行在同业竞争的环境下或主动或被动地加入金融科技创新与运用的浪潮，同时，还有农村商业银行处于观望之中。

（3）运用金融科技的基础设施不健全。

虽然金融科技已开始渗透于农村金融领域，但金融科技的运用并没有在短期内从根本上解决农村金融的长期服务不足的问题。据中国社科院发布的"三农"互联网金融蓝皮书统计，我国"三农"金融供求缺口超 3 万亿元，中国农村依然有 56.8% 的农户资金紧张，69.6% 的农户农村贷款不便利，农户和农业生产的信贷需求满意度依然较低，分别为 27.6% 和 28.5%。根据《中国普惠金融指标分析报告》的全国数据，2018 年末我国农村地区信用卡覆盖面不到 20%，助农取款点 86 万个，行政村覆盖面达 98.23%，还有 1.01 万个村没有覆盖。手机银行和理财产品的覆盖面也依然很低。同时，网络技术的兴起使金融基础设施本就不完善的农村在金融科技渗透下面临着更多挑战。比如有些农村商业银行本身并不具备金融科技创新和运用的能力，但却"跟风"做了金融科技的表面尝试，过度依赖省联社、金融科技公司的技术和资源，而自身缺乏所需要的科技人才和技术能力，从而形成"假数字化"的尴尬局面，这都会导致农村金融市场面临更多未知的风险。

金融科技的运用可能会因为客户关系、管理方式、流程节点等的改变而与现有的法律产生冲突。比如，基于区块链技术的分布式记账的账本向参与者公布的记录和同步的信息所面临法律效力需要重新认定；农村商业银行在给目标客户进行跨部门授信过程中需要关注目标客户应收账款债权转让通知的法律效力，如果农村商业银行所需要的债权转让同意书一级供应商和企业无法签回的话，农村商业银行将无法给目标客户授信。诸如此类在农村商业银行运用金融科技的过程中必须面临的法律问题在现行法律法规框架中没有明确界定，因此形成了金融科技运用的阻力。

此外，农村数字基础设施不健全，信息共享、开放互联的目标难以实现。对于小微企业客户来说，各公司在征税、采购、其他领域贷款等领域的交易和信用数据，农村商业银行难以直接通过数字科技获得和监控，政府各部门（如工业和信息化部、公安部、民政部等）公共数据依然没打通，农村商业银行内部的信用卡部门和公司业务部门的共享信息也没有打通，并且不同农村商业银行之间的客户资料信息没有共享也难以共享，虽然 2015 年开始批准了芝麻信用等 8 家个人征信公司，但各公司通过自身平台搜集和管理的征信信息没有形成共享机制且信用评价标准也不统一，来源于政府部门的公共信息也未与中国人民银行征信中心很好对接，只能通过中国人民银行的征信中心获取信息，因此不能有效挖掘优质却没有信贷历史的小微企业客户。

同时，金融科技创新造成的信息安全也有隐患。农村商业银行原有的安全防御手段目前难以满足大数据、云计算等环境下的安全保障需求。在系统安全方面，建立在云计算和云服务上的金融科技虽然具有超强的计算技术、储存技术、低成本技术、虚拟化技术，但也很容易受到网络攻击。在数据安全方面，为达到合作互联、数据共享，实现金融科技的作用，客户信息不断被收集和挖掘，面临着很大的信息泄露风险，个人隐私和权利难以受到保护，相关法律法规的不完善导致隐私权容易受到侵犯。随着大数据模型中的内容不断扩充，数据也将越来越复杂，硬件和软件性能需要不断更新和完善。这都构成了农村商业银行运用金融科技的阻力。

（4）金融科技人才制约。

目前农村商业银行内部开发金融科技新产品的能力有限，在建立多部门合作过程中，人才储备尚且不足，配套的有关人才培养、挖掘的人才队伍建设问题以及人才管理体系不够专业和完善，导致农村商业银行在运用金融科技的过程中存在因人才问题带来的阻力。

一方面，与传统农村金融体系对人才队伍的要求主要是经济、金融和管理人才不同，金融科技发展的背景下，很需要精通 C++、Java、Python、SQL 等编程语言，软件开发、人工智能等先进通信技术的人才。由于农村商业银行业务的服务对象为"三农"和小微经济主体，机构的设立主要集中在县级市及以下地区，然而人才又有"人往高处走"的习惯和心理，导致传统农村商业银行本身就面临着人才缺乏和流失的问题。若通过对现有人才储备进行金融科技培训来使之与金融科技环境相适应，由于现有人才不一定"优质"，且大多是从经管类专业跨至计算机相关专业的培训，导致培训成本较高，且培训效果难以有保障。若通过招聘等方式吸引计算机和金融科技相关新兴专业人才，又面临着高薪酬引进等成本压力。对于运用金融科技的农村商业银行能否长期留住这类高新技术人才也是个挑战。农村商业银行运用金融科技时，以往"万金油"式的人才难以胜任对专业能力要求甚高的岗位，每个岗位的人才素质培养越来越需要"术业有专攻"式的人才。

　　另一方面，由于经营管理的环境变化，金融科技运用下的农村商业银行的人才管理体系问题也面临着挑战，岗位的职责要求、职业规范、考核评价都需要更新。在倒闭的互联网金融平台中就存在员工将公民隐私随意交易、欺瞒诈骗等行为（徐忠和邹传伟，2021）。虽然开放互联的方式能让农村商业银行更准确迅速地掌握客户信息并与之沟通，但是也使客户信息和隐私难以受到保障。员工管理不当，不但有损客户利益，同时也会对农村商业银行造成更大的声誉损失。除此之外，由于懂金融和经管的人才不一定懂数字科技，而懂数字科技的人才大多不懂金融相关知识，传统岗位设置和管理体系下对于岗位之间的交流与合作也存在着低效和不积极的现象。

　　（5）"三农"和小微经济主体数字金融素养低。

　　金融科技的赋能，虽然能降低人工成本、提高运营效率等，但其优势仅局限于线上。在"三农"领域，由农户本身引起的"数字鸿沟"依然存在，使农村商业银行的数字金融创新难以覆盖于网络基础设施缺失的农村地区，给没有智能手机、不会使用智能手机或不识字的客户提供数字化金融产品。因而导致目前提供的数字化支农产品只能起到市场互补作用，如开发乡镇地区年轻客户市场等。并且由于农户金融素养和金融知识有限，如何让农户接受和熟悉理财、电子支付、线上信贷等业务和操作，也是长期的过程。

"三农"与小微经济主体本身就是容易被传统金融机构排斥的弱势群体，这类长尾客户本身金融素养缺乏，对存款、贷款、理财、基金、保险等金融产品的概念内涵认识不清，对存贷款的种类以及存贷款利息的计算等金融常识了解不够，很容易因此而加大对金融产品的"错判"，无法理性选择和尝试各种金融产品。加之在金融科技的运用下，这类长尾客户因金融素养不足而产生的内在脆弱性会由于数字科技等智能产品和互联网知识的欠缺而加深对数字金融产品的"误解"，从而加大信息不对称对这类弱势群体所带来的潜在危害。"三农"和小微客户因金融素养不足和互联网等知识的缺乏而形成的心理、认知和行为上的偏差，加之风险意识的欠缺，很容易使其在面对金融产品的数字创新而产生过度轻信或过度排斥两种极端现象。这使农村商业银行即便通过金融科技的运用改进了客户信用信息分析、风险控制的能力并改进了营销策略和营销渠道，"三农"和小微客户也很难通过理性的判断，做出正确的购买行为，而导致农村商业银行和客户的双方利益受损。比如那些易于接受数字金融产品的年轻长尾客户可能因过度轻信而做出盲目模仿他人决策的行为，且金融科技的共享机制和开放互联的理念和模式将导致"赌徒心理"或"羊群效应"的现象更严重，因而更容易做出自身难以承受和并不了解的金融选择，承担不必要的高风险。而那些难以接受数字金融产品的年长的长尾客户又可能因为过度排斥而拒绝接受各种利于自身需求状况的金融服务产品。除此之外，"三农"和小微客户往往信用观念相对落后，即便是农村商业银行通过合理的金融科技改进了营销策略和方式，能够让这类长尾客户信息对称地了解各种金融服务产品的信息并合理做出产品选择，却也会因对智能手机产品的运用和金融规则等相关知识的缺乏，难以使这类长尾客户真正具备掌握使用这类金融服务产品的能力。比如，当邻里之间人情网络的"软信息"忽然转变为线上社交网络的"硬信息"，一些农户因不习惯和不了解这一现象的发生，而在获得贷款之后因难以或不愿承受还贷压力等原因出现违约和集体跑路等行为，造成更大的信用违约损失。这不但有损自身信用评价等级，也将由于开放互联等原因导致提供贷款产品的农村商业银行面临更大的声誉风险和业务不精或运营不当等负面评价而造成更大的潜在损失。

（6）农村商业银行运用金融科技可能面临新风险。

数字普惠金融"自下而上"迅速发展，但对金融消费者的保护还远不够（胡滨和程雪军，2020）。以前"先发展、后监管"的监管模式难以符合金融科技发展的需要。随着金融科技的互联，监管体系也需要跨领域协调和配套。金融科技的运用让数据成为新的生产要素，具有非竞争性，而且随着客户规模的扩大，边际成本降低。金融科技将数据携带的信息整合为一种非竞争性的生产力，那么根据马克思主义政治经济学理论，这种非竞争性的生产力需要一种与之平衡的生产关系，否则就会产生新风险。

一方面，一些农村商业银行照搬现成的金融科技产品或技术，业务开展所形成的网络可能会导致一家农村商业银行的贷款平台若发生重大意外或损失，所造成的声誉风险传染可能比传统金融系统下更大更快，甚至会波及整个行业。线上金融服务和人工智能的运用虽能提高效率并降低成本，但又可能受到黑客的攻击；由于交易权限、网络漏洞等难以预测和检测的环节存在，而产生新的不可预测的金融风险传染源。如刘孟飞（2021）的研究发现金融科技的发展加剧了我国银行业的系统性风险。总之，随着金融科技的发展，商业银行的风险承担倾向会提高，进而加重银行业系统性风险。而且对于类似农村商业银行的中小银行来说，金融科技对其系统性风险溢出的作用程度更高。

另一方面，目前金融科技的运用主要以商业模式运营，大多数农村商业银行没有自主研发金融科技产品的能力，主要通过与金融科技平台合作或购买来共享相关数据。数据产权归商家所有可能造成数据壁垒或垄断。客户信用和交易数据作为一种生产要素，需要通过金融科技的运用使之与各行业跨界合作、开放互联，从而让各农村商业银行获得完整的客户信用信息数据。然而，若数据的产权归商家所有，最终要么导致各商家形成新的数据壁垒，要么导致掌握金融科技技术的商业平台巨型化。一旦形成垄断，金融科技巨头可通过"大数据杀熟"，根据目标客户的不同偏好和需求来利己地定价产品，形成的平台巨型化所导致的数据垄断，将可能扭曲市场，目标客户的利益受到侵犯，农村商业银行作为金融科技产品的购买方，也会受到不可控的利益损失。

# 3.3　本章小结

从农村商业银行的历史沿革和现状来看，农村商业银行依然是农村金融的主力军，存贷业务依然是其主营业务，并且依然是县域法人管理体制。传统技术条件下农村商业银行面临着业务成本高，长尾客户的业务拓展慢，信息不对称问题难以有效解决的困境，现阶段农村商业银行需要继续革新来提高普惠能力。然而农村商业银行运用金融科技面临着机遇与挑战并存的状况。在金融科技带来的同业竞争和潜在挑战的共同影响下，农村商业银行创新和运用金融科技的程度差异化明显。有的农村商业银行已成功进行金融科技的转型，能够深入运用金融科技并进入"数智化"银行建设阶段，有的农村商业银行则开始进行初始化的金融科技尝试，比如完善支付手段，增加智能柜台机等。但同时还有些农村商业银行没有进行金融科技的创新与运用，也有些农村商业银行"跟风"进行了金融科技的运用，但由于资金和人才等方面的限制，本质上并没有金融科技转型的能力，从而导致"假数字化"现象。

那么，农村商业银行应如何在金融科技广泛渗透于银行业金融机构的背景下提升自生能力？运用金融科技又能否达到提升普惠能力的目的？接下来将对农村商业银行运用金融科技提升普惠能力的机理进行详细的分析。

# 第4章 金融科技提升农村商业银行普惠能力的优势和机理分析

基于第3章节的分析，要提高农村商业银行的普惠能力，首先得解决信息不对称问题，那么需要从改进农村商业银行对客户的授信技术入手，主要体现在信用评价模型、调查技术、风险监测等方面。随着2016年杭州G20峰会的召开和《G20数字普惠金融高级原则》的推出，金融科技开始渗入到普惠金融领域（中国人民银行西宁中心支行课题组和陈希凤，2017；王作功等，2018），金融科技的本质是普惠这一观点也得到许多学者的认可（黄益平和黄卓，2018；薛莹和胡坚，2020）。同时，越来越多的实证研究发现金融科技能够提升中国商业银行的风控水平，并且对银行业的行业竞争产生影响（孟娜娜等，2020；孙旭然等，2020）。因此，金融科技按理可通过改进农村商业银行的授信技术，来降低向农户等弱势群体提供贷款时面临的信息不对称问题和以此带来的信贷业务风险大等问题。但金融科技最终能否提升农村商业银行的普惠能力还取决于在解决信息不对称问题的同时能否降低业务单位成本和扩大服务覆盖面。因而本章将详细探讨金融科技通过缓解信息不对称等问题改进农村商业银行对客户的授信方式，在控制普惠业务风险的同时降低业务单位成本、扩大服务覆盖面，从而提升其普惠能力。

# 4.1　金融科技提升农村商业银行普惠能力的优势

金融科技主要包括互联网、大数据、云计算、人工智能、区块链等一系列新型信息技术在金融领域的创新应用。在移动互联的环境下，大数据技术发挥数据获取和传递的功能、云计算技术发挥数据存储和处理功能、人工智能技术发挥数据利用功能、区块链技术发挥共识机制下分布式账本的智能合约和密码学功能（张晓朴等，2018）。这些功能的发挥可以对农村商业银行的信用评价、调查技术、风险监测等进行改进，有效解决农村商业银行传统技术下信息不对称难以解决等问题，以此提升农村商业银行的普惠能力。

### 4.1.1　对信用评价的改进

大数据的运用能改善传统信用评价中因信用数据收集不完整、无法收集"信用白户"的信用数据而导致的信息不对称问题。具体来说，大数据体量大（Volume）的特点使任何有网上活动记录的个体（包括小微经济主体等弱势群体）都能留下数据痕迹，利用大数据采集技术可以在网页上收集这些数据。多样性（Variety）的特点使任意在网络上有消费、有社交网络信息、有线上投资和借贷的用户都能成为信息收集的对象，从而增加信用信息的多样性。高速性（Velocity）可以高效率地处理大规模数据，通过大数据运算软件不断收集更新交易记录，实时了解客户的状态，弥补传统信用评价只能根据历史记录判断信用水平而难以对用户未来履约能力进行预测的缺陷。价值性（Value）特点使那些传统信用评价模型无法得到的结果变得更有作用，更有助于发现不同群体以及遗漏群体（比如从未贷款因而在传统授信系统中无记录的群体）的信用特征。然后利用人工智能（Artificial Intelligence）技术处理分析大数据收集的多元数据，用深度学习等算法模拟人的逻辑推理能力帮助进行信用评价。

运用金融科技改进后的信用评价模型不但可拓宽信用评价和预测模型中数据的来源，还可实时反映借款人的行为轨迹，将大量非财务数据（如网络行为、IP地址等）导入多种信用评价综合模型，包括通过身份验证模型、预付能力模型、还款能力和意愿模型、稳定性模型等信用评价和预测模型，来推断个人的经济状况乃至性格与心理状态，进而实时推断其未来的履约能力（见图4-1）。比如新网银行就通过金融科技开放了超过300个API接口，与中国移动、携程、优信等多个商业机构，以及中国工商银行、渤海银行、华夏银行、天津银行等银行同业机构深度连接，运用大数据分析技术"秒级"完成用户身份识别，通过多维数据及实时信用评估，让客户享受到平均授信时长20秒，笔均借款周期75天，笔均借款金额3300元的服务，单日申请贷款的最高笔数为33万笔。网商银行借助"大数据+互联网技术"，结合政府在行政和公共服务中产生的数据，协同政府建立区域专属的信用评价模型，有效为农户提供纯信用贷款。

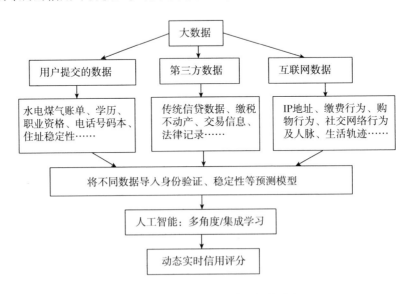

**图4-1 金融科技改进信用评价流程**

### 4.1.2　对调查技术的改进

调查技术的改进主要体现在突破传统的只能依靠线下的方式调查获得信息，对于农村偏远地区由于人力成本高、技术受限等原因而放弃征集和授信，以及第三方征信系统对客户信用数据隐私保护缺乏、信用孤岛等方面的问题。

首先，通过金融科技的综合运用，线上调查的方式可提高信息征集的效率，降低因物理距离遥远而导致的人力成本。云计算（Cloud Computing）技术能利用远程虚拟机对搜集的农户数据进行存储和处理，通过本地下达处理指令的计算模式，使农村商业银行可以远程征集偏远地区潜在客户的信用信息，缩短线上金融机构与客户的距离，在提高信息处理效率的同时有较高的容错率。同时信贷调查员可通过网络进入和使用云计算平台，结合大数据的数据获取和传递能力，降低本地计算成本，提升数据信息处理效率和服务能力，从而有效开拓偏远山区的借贷市场，提升服务地理位置偏远的弱势群体的能力。目前，阿里云已与广东省农村信用社联合社、河南省农村信用社联合社、新疆维吾尔自治区农村信用社联合社、四川省农村信用社联合社、山西省农村信用社联合社、湖北省农村信用社联合社、江西省农村信用社联合社、天津农村商业银行、重庆农村商业银行、宁夏黄河农村商业银行等多家农村金融机构签署了战略合作协议，助力专有云建设，提升对各辖区内"三农"的服务能力。

其次，区块链（Block Chain）技术可基于大数据加密算法创设节点共识机制，其去中心化、公开透明、不可篡改等特点能解决调查过程中信息真实性、完整性和信息难以共享造成的数据孤岛问题。区块链技术运用分布式数据存储、点对点传输和加密算法的特点，可构造一个去中心化的基于共识机制的农户信用信息数据链，具有多方机构共同维护、共识存储、无法篡改抵赖的特性，能有效弥补传统调查技术下农村商业银行各自为战的局面，防止由于各机构的调查机制不连通而导致的"同人不同信"问题（见图 4-2 和图 4-3）。

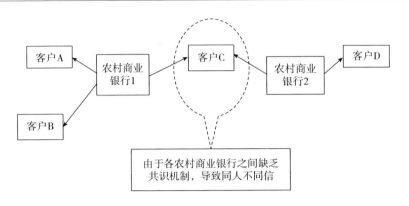

图 4-2　传统调查技术的缺陷示意

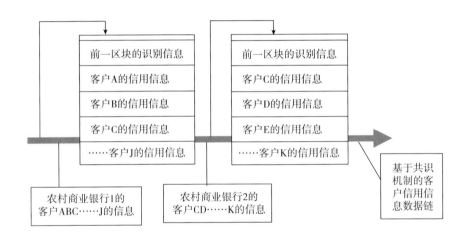

图 4-3　基于区块链技术的农户信息数据链

最后，区块链的唯一性和分布式记账功能让每一笔交易信息都可溯源至所有者，这种点对点传输数据和加密算法的方式安全性更高且能起到不可篡改、匿名保护数据私密性的作用（闫树等，2018）。农户的信用记录可由农村商业银行和其他机构向区块链反馈，每一户农户的分布式账户上的账簿信息需要农户许可才能查询，从而有效解决了信用信息归属错位的问题，维护农村商业银行客户的权益，同时从更大程度上解决弱势群体虚假填报和不完整信用信息存在的问题，协助农村商业银行进行借贷风险识别。

通过线上和线下调查技术的结合，一方面把农村商业银行搜集的客户数据共享至数据库，另一方面农村商业银行也通过授权获取其他征信机构或其他金融机构的同位客户数据并加密脱敏后共享至该数据库的客户数据。流程如图 4-4 所示。

**图 4-4　金融科技改进客户授信的调查技术流程**

### 4.1.3　对风险监测的改进

风险管理和监测是农村商业银行的核心任务，随着金融科技的发展和广泛应用，越来越多的农村金融机构和新兴金融科技公司对风险监测技术进行了全面的改良。对风险监测的改进主要体现在实时性和更全面的监测，这需要银行根据自身的特点综合运用金融科技各类技术。

金融科技风险监测的流程一般包括识别、决策和管控三个过程。运用大数据和云计算、区块链等技术搜集农户数据，再运用信用评价模型筛选出可以放贷的潜在客户后，进行放贷。在这个过程中，一方面通过人工智能对农户进行精确瞄准和实时监控；另一方面通过机器学习方法，使用深度学习技术从信用卡数据、第三方担保贷款、农业保险、储蓄、缴费等金融交易和生产生活活动数据中自动找到规律，构建知识图谱，检测数据当中的不一致，识别欺诈交易，并提前作出相应决策，及时对后续可能无法还款的主体进行事前干预；根据对农户信用动态情况的实时跟踪调整授信策略（比如提前收回贷款、增大或缩小授信、提高或降低贷款利率等），以此减少坏账损失。对于已认定的违约风险，可采取短信催收、语音催收、电话催收、诉讼等组合方式减少损失；对于已认定的违约行为，可采取"网络公布老赖名单"等方式加大对违约人的声誉处罚，流程如图 4-5 所示，以对其他主体产生警示作用。

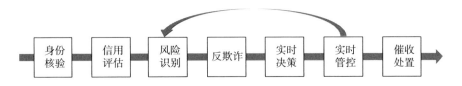

图 4-5　金融科技风险监测流程图

目前一些农村商业银行通过购买成熟金融科技公司的相关风控技术（如蚁盾、猛犸反欺诈等）或自主研发了许多符合自身条件的风险监测系统。比如四川省农村信用社联合社的全渠道实时交易反欺诈系统、天津农村商业银行的电子渠道反欺诈平台、深圳农村商业银行的线上贷款反欺诈系统、浙江安吉农村商业银行的风控宝系统、广东省农村信用社联合社的大数据风控平台。完整的风险监测系统其风控监测框架和流程基本一致，一般首先通过设备进行风险识别，再通过多维度关联用户、设备、账户数据，发现欺诈网络，通过自动过滤欺诈者和挑选优质客户进入白名单通道完善黑白名单库，并将其他客户纳入风控通道。然后对运用中确认的欺诈案例进行数据分析，作出实时决策，一方面通过非监督机器学习将客户历史行为和事中行为进行比较；另一方面通过监督式机器学习对历史欺诈数据进行训练，若发现异常，则对潜在欺诈进行风险预警和实时管控，并对逾期客户纳入催收处置通道。

# 4.2　金融科技提升农村商业银行普惠能力的机理

农村商业银行运用金融科技普惠能力是否能够提升，关键取决于金融科技在运用过程中的成本、风险等因素能否被控制，给"三农"和"小微"提供融资服务时信息不对称问题能否解决，这些最终体现为农村商业银行的授信能力。金融科技为农村商业银行改进客户授信方式提供了技术基础，技术层面的优化应用可以解决信息不对称导致的授信难、风险大、成本高、收益低等问题，从而提升农村商业银行的普惠能力。

从供给侧来看，农村商业银行运用金融科技时同时具有网络特性和经济特性。根据梅特卡夫定律、摩尔定律、吉尔德定律、克拉底定律等网络经济理论，网络的价值会随着使用者数量的增加而呈算术级增长，同时随着网络数据存储和传输规模的增大，成本呈指数级下降（曾刚等，2019）。因此，若农村商业银行能有效建立金融科技授信系统和平台，不仅可以在提高运作效率的同时降低运作成本，而且随着服务的长尾客户越来越多，覆盖面越来越广，其金融科技授信系统的价值将越来越大，信息的收集成本、人力成本、复制成本、传输成本、追踪成本和验证成本将越来越低，有效缓解"三农"的融资难、贵、慢问题，从而提升农村商业银行的普惠能力。

从需求侧来看，农村商业银行的潜在客户本就是被正规金融机构所排斥的群体和因为距离金融网点遥远、人工审批流程复杂而自我排斥的群体。农村商业银行若能通过技术简化审批流程，在线上完成借贷流程，降低有借贷需求的潜在客户的借贷门槛，降低客户对物理网点的依赖，减少客户的"皮鞋成本"，并最大程度地缩短审批周期，提高客户体验，从而满足更多"小额、分散"的"三农"贷款需求，并借助自身的技术优势构造更多的场景来满足"三农"等目标客户的个性化需求，将极大程度地降低"三农"和"小微"信贷的自我排斥，拓宽金融服务覆盖面。

从理论来看，金融科技可以改变农村商业银行的技术环境、竞争环境和客户环境。若进一步改进自生能力如营销能力、风险控制和创新能力，则能够在使产品差异化加大的同时，控制成本和风险。最终在数字科技创新下的互补效应达到一定程度之后，以市场竞价为主的替代效应也起到作用。具体地说，投入人力和财力研发金融科技，能够在更好地规避风险的同时，形成线上网络降低前台交易成本、管理成本、运作成本等，从而提供更低利率的产品，满足更多潜在客户的需求。后端的技术支持能够精准识别目标客户，控制风险，扩大客户服务覆盖面，实现成本低、收益大、覆盖面强的普惠能力可持续性提升。下文将基于信息经济学，结合农村信贷业务过程中借贷双方的运作特征和传统技术下中国农村信贷基础要素的相关研究（刘若鸿等，2011），依托金融科技的背景和特点，做出以下基本假设和模型，来具体分析农村商业银行在与农户和小微企业等目标客户的业务往来中运用金融科技提升普惠能力的机理。

### 4.2.1 情景设定

根据金融科技改进授信的特点，从金融科技缓解农村商业银行与长尾客户之间的信息不对称、信息不完全，完善信用信息共享共识机制以及降低成本出发，提出以下情景设定：

第一，"三农"和小微经济主体每年都有借贷需求来满足生产经营需要和平滑支出，使之与农村商业银行间存在重复博弈的可能。借贷双方都是理性经济人，以效用或利润最大化为决策目标。第 $i$ 个"三农"和小微经济主体当前可得到的贷款为 $D_i$。利用贷款投入生产所获得的收益为 R。设贷款利率为 r，则"三农"和小微借款者需支付的利息为：$D_r = D_i r$，贷款到期后归还本金（$D_i$）和利息（$D_r$）。只有当 $R - D_i - D_r > 0$ 时，"三农"和小微经济主体才会选择贷款。对于农村商业银行来说，若借款方按时归还本金和利息，则农村商业银行的收益为：$D_r = D_i r$，否则损失为：$-D_i$。

第二，农村商业银行对"三农"和"小微"经济主体还贷判断准确率取决于其所掌握的信息，即 $Z_{ei} = f(I_i)$，其中，$Z_{ei}$ 表示农村商业银行对第 $i$ 个"三农"和小微经济主体还贷判断的准确率，$I_i$ 表示农村商业银行掌握"三农"和小微经济主体的信息量，根据信息不对称理论，随着农村商业银行对"三农"和小微经济主体信息量掌握的增加，对"三农"和小微经济主体是否违约的判断准确性增强。通过金融科技的助力，农村商业银行的信息掌握能力增强。获取信息需要花费成本 C（$I_i$），基于金融科技的网络经济特性，使用金融科技的边际成本递减，则传统技术下走街串巷、层层审批的方式授信获取信息所花费的成本最高，采用金融科技进行全自动化授信获取信息花费的成本最低，但若需要运用金融科技结合"线上"和"线下"授信的实时情况进行深入授信和创新，其成本要高于通过现成的金融科技产品进行自动化授信的成本。

第三，借款者还款的实际概率为 $P_e$，高信用水平者按时还本付息，低信用水平者违约。金融科技授信可以有效排除低信用客户，对农村商业银行的收益不造成影响，收益为 0；而传统授信无法排除低信用客户，也无法避免其贷后违约，放贷后客户不还款对农村商业银行造成收益损失值为放贷本金 $D_i$。客户违约的收益为 R。设农村商业银行对借款者采取传统授信的概率为 q，采取全流程金融科技授信概率为 1-q。

第四，"三农"和小微经济主体违约的代价受信用共享环境决定。金融科技建立的信用共享机制让信用记录被共享的程度提高，导致违约记录对借款的"三农"和小微经济主体产生的信用负效益因声誉造成的不认可度增大而增大。设当金融科技授信贷前检测出低信用客户，这时农村商业银行既不给其贷款，还会将其资信状况记录到信用共享机制中，因此低信用客户的信用负效益值为 U；而传统授信因缺乏信用信息共享机制，因此对低信用客户发放贷款后，客户违约产生的信用负效益为 0。

第五，根据之前假定可得，审查对借款客户判断失误而造成的违约行为带来农村商业银行的收益损失值为所贷本金 $D_i$，借款客户在信用共享环境下的违约收益是本金投入产出后的收益（R）减去共享机制带来的违约声誉损失值（U），即 R-U。设"线上+线下"深入授信能在还款到期前有效防止违约，不会造成违约损失，且在每次查出低信用客户时，其低信用水平鉴定会被再次记录到信用信息共享共识的征信系统里，并对其以后的借贷产生负效用，造成声誉损失 U。

### 4.2.2 提升普惠能力的关键是成本降低和服务覆盖面扩大

由于自负盈亏的农村商业银行具有经济理性，农村商业银行是否会运用金融科技给"三农"和"小微"放贷主要取决于这一业务的风险、成本和收益。基于前文分析，信息不对称是造成普惠业务风险的关键原因，而解决信息不对称问题所耗费的成本和最终能够得到的收益，决定了农村商业银行是否愿意给"三农"和"小微"提供借贷等融资服务。

根据情景假定，不妨从农村商业银行为单个"三农"和小微经济主体放贷带来的收益和为"三农"和小微经济主体放贷带来的总收益两个方面进行全面分析。

第一，对农村商业银行而言，单个"三农"和小微经济主体贷款带来的预期收益为：

$$E(R_i) = Z_{ei}D_i r - (1 - Z_{ei})D_i(1 + r) - C(I_i) , \quad Z_{ei} = f(I_i) \tag{4-1}$$

农村商业银行得到的预期收益很大程度取决于其对于"三农"和小微经济主体的信息掌握量和判断程度，其中 $C(I_i)$ 为获取信息的成本，$Z_{ei}$ 代表农村商业银行对"三农"和小微经济主体信用及风险判断的准确率。那么单位信息带来的收益为：

$$\frac{dE(R_i)}{dI_i} = f'(I_i)\left[D_i r + D_i(1 + r)\right] - C'(I_i) \tag{4-2}$$

根据信息不对称理论，随着农村商业银行对"三农"和小微经济主体的信息掌握量增加，信息不对称的程度则越小，那么对于"三农"和小微经济主体的信用判断准确性越高。因而 $f(I_i)$ 单调递增，$f'(I_i) > 0$，即信息能创造价值，更完全的信息可以使农村商业银行挖掘出更多的信用状态良好的长尾客户。然而，收集处理信息会有成本 $C(I_i)$，因而最终是否产生收益取决于信息采集成本和信息利用程度的比例，这与农村商业银行的授信能力有关。在金融科技的运用下，农村商业银行除了可以利用之前的熟人网络和区域的社会网络来获得客户信息，还能通过数字科技在网上挖掘并整合更全面的"三农"和小微经济主体信息，并统一标准，实时判定信用，使信息更完整可共享从而创造价值，使利用信息的成本大幅度降低。

第二，对农村商业银行而言，"三农"和小微经济主体贷款的总收益为"三农"和小微经济主体贷款收益的总和，即 $E(R) = \sum [E(R_i)]$。若把中小微企业贷款看作一种投资（A），把农户贷款看作另一种投资（B），则农村商业银行的贷款风险收益为：$E(r_p) = w_A E(r_A) + w_B E(r_B)$，其中 $w_A + w_B = 1$。

农村商业银行运用金融科技所获得的信息样本容量越大，金融科技授信能力越强，对于信用的判定和信息采集之后的分析则更加全面。在技术支持的前提下，进一步对农户和小微企业采取信用内容上的细分，分别针对个人和企业的不同指标进行不同的考量，则所获信息的准确度将更高，以此来进行针对农户和小微企业的差异性放贷。由于根据投资组合理论，不相关的投资组合能够降低资本投资风险程度（Berger 和 DeYoung，1997），那么类比于基于金融科技的农村商业银行差异性放贷组合，其放贷风险将更低，长期来看，收益将更有保障。

因而农村商业银行运用金融科技给"三农"和"小微"放贷的逻辑是，依据金融科技的技术特性、网络特性和经济特性，农村商业银行对"三农"和"小微"服务覆盖面的扩大使其能够通过海量且更完整的信息样本收集和分析来提升农村商业银行对"三农"和小微经济主体信用判断的准确度，同时根据农户和小微企业的特征来建立不同的信用评价标准，提升农村商业银行的授信水平。若金融科技能够让农村商业银行在授信水平提升的过程中降低信息利用的单位成本和由于信息不对称而带来的其他各种成本，以此来提高其进行普惠业务的收益，从而提升其进行普惠业务的积极性，最终则能够提升普惠能力。

下文将详细探讨农村商业银行运用金融科技实现服务覆盖面的扩大、业务单位成本的降低和金融科技网络价值的提高，通过自生能力的增强，主动提升普惠能力的内在逻辑。

### 4.2.3 金融科技通过信用共享降低业务单位成本

首先基于目前传统授信与金融科技授信在各家农村商业银行并存的现象，探讨农村商业银行是否有因经济理性而选择金融科技授信的动力，"三农"及"小微"借款客户能否在金融科技授信下理性地选择不违约，从而实现普惠能力提升的问题。如前文所述，设金融科技授信成本为0，传统授信成本为C，以此体现传统授信成本大于金融科技授信成本。根据双方行动顺序，农村商业银行和"三农"及小微经济借款者的行动为同时行动，两者的博弈行为是随机且不被对手预测的（见表4-1）。

**表4-1　金融科技授信与传统授信对借款客户还款行为的矩阵**

| | | 借款客户（"三农"及小微经济主体） | |
| --- | --- | --- | --- |
| | | 还款（$p_e$） | 不还款（$1-p_e$） |
| 农村商业银行 | 传统授信（q） | $D_i r - C$，$R - D_i(1+r)$ | $-C - D_i$，R |
| | 金融科技授信（$1-q$） | $D_i r$，$R - D_i(1+r)$ | 0，$-U$ |

在表4-1中，①农村商业银行采用金融科技授信时，若"三农"及"小微"借款客户属于高信用水平类型，农村商业银行选择放贷，客户会将所借资金投入生产并产生收益（R），且按时还本付息，此时农村商业银行的收益为$D_i r$，"三农"和"小微"借款客户的收益为$R - D_i(1+r)$；若借款客户属于低信用水平类型，则农村商业银行不但不对其放贷（此时农村商业银行的收益为0），还会将其低信用水平鉴定记录到信用信息共享共识的授信系统里，对其以后的借贷产生负效用，造成声誉损失（U）。②农村商业银行采用传统授信时，农村商业银行需要耗费成本（C），但由于技术缺陷无法准确判断借款客户的信用类型，此时若借款客户为高信用类型，借款客户将所借资金投入生产后得到收益（R），并按时还本付息，农村商业银行的收益为：$D_i r - C$，借款客户的收益为：$R - D_i(1+r)$；若借款客户为潜在

低信用类型而被放贷，则借款客户不会还款，农村商业银行放贷后受到损失，农村商业银行收益为：$-C-D_i$，借款客户收益为所借资金投入生产后的收益 R。由于传统授信下的信息共享机制不够完善，熟人社会因违约行为对借款者造成的声誉损失有限，简化起见依然设定传统人工审批条件下违约造成的声誉损失为 0。

由于农村商业银行和"三农"及小微借款者之间的决策是随机行动的，且自身行为不被对手预测，可根据表 4-1 得出农村商业银行的期望收益（$\pi_j$）和"三农"及小微借款者的期望收益（$\pi_s$），如下所示：

$$\pi_j = q\left[\, p_e(D_i r - C) + (1 - p_e)(-C - D_i)\,\right] + (1 - q)p_e D_i r \tag{4-3}$$

$$\pi_s = p_e\left[\, R - D_i(1+r)\,\right] + (1 - p_e)\left[\, qR + (1 - q)(-U)\,\right] \tag{4-4}$$

根据式（4-3）和式（4-4）的结果，在式（4-3）中对 q 做一阶偏导，在式（4-4）中对 $p_e$ 做一阶偏导，并令两者等于 0，可得到两者收益均衡点的必要条件，即期望收益在此均衡点随 q 和 $p_e$ 的变化率为 0。

$$\frac{d\pi_j}{dq} = D_i P_e - (C + D_i) = 0 \tag{4-5}$$

$$\frac{d\pi_s}{dp_e} = (R + U)(1 - q) - D_i(1 + r) = 0 \tag{4-6}$$

因此可根据式（4-5）求出借款客户最优的还款概率为：$p_e^* = 1 + \dfrac{C}{D_i}$；根据

式（4-6）求出农村商业银行最优传统授信概率为 $q^* = 1 - \dfrac{D_i(1+r)}{R+U}$。（$p_e^*$，$q^*$）为农村商业银行和借款的"三农"及小微客户之间的混合策略纳什均衡。对于农村商业银行来说，由于 $p_e$ 不可能大于 1，因而实际还款概率不会有 $p_e > p_e^*$ 的情况。当借款客户实际还款概率 $p_e < p_e^*$ 时，农村商业银行的最优选择是金融科技授信，为的是通过金融科技提高信用水平的审查准确率；当借款客户实际还款概率 $p_e = p_e^*$ 时，只有一种极端情况，即所耗成本 C＝0，此时 $p_e = p_e^* = 1$，来借款的客户全都是高信用水平客户，一定按时还本付息，把低信用水平客户全部排除在

外。也就是说，若农村商业银行能够通过技术改进，让传统授信所耗成本与金融科技授信尽量趋同，不断降低成本，则能够极大程度地避免违约行为。因而农村商业银行的最优选择还是金融科技授信。而且农村商业银行有不断改进技术、提高审批规模效应、降低成本的动力。对于借款的"三农"和小微客户来说，当农村商业银行传统授信的概率 $q>q^*$ 时，借款客户的最优选择是违约不还款；当农村商业银行传统授信的概率 $q \leqslant q^*$ 时，借款客户最优选择是按时还款。进一步分析，根据式（4-6）所得农村商业银行最优的传统授信概率为：$q^* = 1 - \dfrac{D_i(1+r)}{R+U}$，则农村商业银行最优的金融科技授信概率为：$1-q^* = \dfrac{D_i(1+r)}{R+U}$，表明若其他变量不变，授信的信用共享环境对违约行为产生的声誉损失 U 越小，农村商业银行对其采取信用共享机制更完善且成本更低的金融科技授信概率更大，而采取信用共享不足、审核成本却更高、效率更低的传统授信概率越小。说明农村商业银行运用金融科技所具备的规模效应和业务单位成本降低的特征而形成的信用共享机制，得以识别并约束"三农"和小微借款客户的行为，实现普惠能力的提升。

### 4.2.4 金融科技通过精准深入授信扩大服务覆盖面

进一步考虑金融科技运用的不同程度对农村商业银行普惠能力的影响。在金融科技改进授信的信用共享环境下，为避免全流程数字审批的技术漏洞，农村商业银行可通过"线上""线下"结合的方式进行深入授信，从而更有效杜绝借款客户的违约行为，更准确识别可信赖的客户。而对金融科技运用深度不强的农村商业银行，则采用宽松授信的方式审查客户。农村商业银行是否会选择深入授信的方式，借款客户又是否会违约，依然与成本、服务覆盖面、收益等理性因素有关。设"线上+线下"深入授信所耗成本为 C，金融科技宽松授信所耗成本为 0，以此体现金融科技的深化创新比运用现成的金融科技产品需要更多成本。因而可得"线上+线下"深入授信与宽松授信的博弈矩阵见表4-2。

表4-2　深入与宽松授信对借款客户还款行为的矩阵

| | | 借款客户（"三农"及小微经济主体） | |
| --- | --- | --- | --- |
| | | 还款（$p_e$） | 不还款（$1-p_e$） |
| 农村商业银行 | "线上+线下"深入授信（q） | $D_i r-C$，$R-D_i(1+r)$ | $-C$，$-U$ |
| | 宽松授信（1-q） | $D_i r$，$R-D_i(1+r)$ | $-D_i$，$R-U$ |

在表4-2中，①在金融科技改进授信后的共享信用环境下，当农村商业银行进行"线上+线下"深入授信时，需要耗费审查成本（C），高信用类型客户会将所借资金投入生产并产生收益（R），且按时还本付息，此时农村商业银行的收益为：$D_i r-C$，借款客户的收益为：$R-D_i(1+r)$；低信用水平客户能被准确查出，此时农村商业银行的收益为所花费的审查成本，记为：$-C$，但不会造成违约损失，且在每次查出低信用客户时，此客户的低信用水平鉴定再次被记录到信用信息共享共识机制中的授信系统里，并对其以后的借贷产生负效用，造成声誉损失（U）。②在农村商业银行进行宽松授信时，农村商业银行不需要耗费审查成本，但与"线上+线下"深入授信相比，其判断借款客户信用类型的准确率相对低，此时若被放贷的借款客户为高信用类型，借款客户将所借资金投入生产后得到收益R，并按时还本付息，农村商业银行的收益为：$D_i r$，借款客户的收益为：$R-D_i(1+r)$；若借款客户被误判高信用客户，到期时借款客户违约，农村商业银行放贷后受到损失，农村商业银行收益为：$-D_i$，借款客户收益为：$R-U$。

由于农村商业银行和"三农"及小微借款者之间的博弈是随机行动的，且自身行为不被对手预测，可根据表4-2得出农村商业银行的期望收益（$\pi_j$）和"三农"及小微借款者的期望收益（$\pi_s$），如下所示：

$$\pi_j=q\left[p_e(D_i r-C)+(1-p_e)(-C)\right]+(1-q)\left[p_e D_i r+(1-p_e)(-D_i)\right] \tag{4-7}$$

$$\pi_s=p_e\left[R-D_i(1+r)\right]+(1-p_e)\left[q(-U)+(1-q)(R-U)\right] \tag{4-8}$$

根据式（4-7）和式（4-8）的结果，在式（4-7）中对q做一阶偏导，在式（4-8）中对$p_e$做一阶偏导，并令两者等于0，可得到两者收益均衡点的必要条件，即期望收益在此均衡点随 q 和 $p_e$ 的变化率为0。

$$\frac{d\pi_j}{dq}=D_i(1-p_e)-C=0 \tag{4-9}$$

$$\frac{d\pi_s}{dp_e}=U+qR-D_i(1+r)=0 \tag{4-10}$$

因此可根据式（4-9）求出借款客户最优的还款概率为：$p_e^*=1-\dfrac{C}{D_i}$；根据

式（4-10）求出农村商业银行最优的深入授信概率为：$q^*=\dfrac{D_i(1+r)-U}{R}$。

（$p_e^*$，$q^*$）为农村商业银行和"三农"及小微借款客户之间博弈的混合策略纳什均衡。对于农村商业银行来说，当借款客户实际还款概率 $p_e<p_e^*$ 时，农村商业银行的最优选择是深入授信借款客户；当借款客户实际还款概率 $p_e>p_e^*$ 时，农村商业银行的最优选择则为宽松授信，不用耗费审查成本放贷后借款客户违约的可能性也低于均衡解；当借款客户实际还款概率 $p_e=p_e^*$ 时，农村商业银行按均衡解 $q^*$ 为概率进行深入授信。对于借款客户来说，当农村商业银行深入授信的概率 $q>q^*$ 时，借款客户最优选择是按时还款；当农村商业银行深入授信的概率 $q<q^*$ 时，借款客户的最优选择是违约不还款；当农村商业银行深入授信的概率 $q=q^*$ 时，借款客户按均衡解 $p_e^*$ 的概率选择还款。

根据式（4-9）所得的借款客户最优还款概率 $p_e^*=1-\dfrac{C}{D_i}$，可得借款客户在最

优解时的违约概率为：$1-p_e^*=\dfrac{C}{D_i}$。这说明在所借资金不变的情况下，当审查成本 C 越小，借款客户越会按时还本付息。因此，金融科技所构成的"线上"授信系统让农村商业银行所耗费的单位客户审查成本（C）降低，可使理性借款客户的违约概率降低。根据式（4-10）所得农村商业银行最优的深入授信概率为：

$q^*=\dfrac{D_i(1+r)-U}{R}$，说明若其他变量不变，违约产生的代价（U）越小，深入授

信的概率越大；或其他变量不变的情况下"三农"及小微经济主体将所借资金投入生产所产生的收益（R）越小，农村商业银行深入授信的概率越大。因而对于比较棘手的客户或由于技术漏洞信用共享环境欠缺的区域，可采取"线上+线下"深入授信的方式来控制信用决策风险，防止违约。说明农村商业银行对金融科技运用的深度加强，对信息不对称问题的控制能力和违约风险的防治能力更强，从而实现普惠能力的提升。

结合金融科技所具备的网络特性和经济特性，农村商业银行运用金融科技可构建有效的信息共享共识模式，使农村商业银行能通过增大违约客户的声誉损失，降低借款客户的违约概率，提高信息共享水平。网络经济特性下的信用共享机制的形成，可降低服务"三农"和"小微"的业务单位成本，同时通过精准深入授信使传统授信下信用信息不完全不完整问题得到缓解，信息不对称得到进一步解决，吸引和筛选出更多投入产出比大且信用水平高的"三农"及小微经济主体，通过更多"小额""分散"的贷款产品开拓农村金融市场，扩大对"三农"和"小微"的服务覆盖面。下文将进一步分析在同业竞争环境下，农村商业银行运用金融科技能否自生可持续性地提升普惠能力。

### 4.2.5　农村商业银行运用金融科技可提升自生能力

在金融科技运用的大环境下，假定农村金融市场存在着农村商业银行与其他任一农村银行业金融机构共同作为信贷服务供给方的博弈。由于信息不对称不完全，农村商业银行只知对方给目标客户公开的信贷产品利率的高低，但不知对方是通过什么方式提高或降低利率。假定农村商业银行和对方的策略选择是理性的。作为农村商业银行，获得对方公开产品的信息有高利率和低利率两种。同时农村商业银行运用金融科技有市场竞价和数字科技创新两个策略，其中市场竞价策略指的是与对方提供类似的金融产品，直接进行竞价，通过替代效应抢占客户；数字科技创新指的是通过创新产品，提供针对对方所公开的信贷信息而言的差异化产品，通过开辟新路，以互补效应抢占市场份额。农村商业银行与其他任一农村银行业金融机构的博弈分析如表4-3所示。

表4-3 农村商业银行与其他农村银行业金融机构的博弈分析

| 运用金融科技的农村商业银行 | | 其他任一农村银行业金融机构 | |
|---|---|---|---|
| | | 低利率策略 | 高利率策略 |
| | 市场竞价策略 | (S1，W1) | (S2，W2) |
| | 数字科技创新策略 | (S3，W3) | (S4，W4) |

从而可得以下四种情形：

情形一，一方农村商业银行运用金融科技采取市场竞价策略，与另一方的农村银行业金融机构经营同质的借贷产品，同时另一方的农村银行业金融机构采取低利率策略。最终产生（S1，W1）均衡解，利润水平分别为S1和W1。

情形二，同上，农村商业银行运用金融科技采取市场竞价策略，与另一方的农村银行业金融机构经营同质的借贷产品，但另一方的农村银行业金融机构采取高利率策略，即利率高于农村商业银行的策略，这导致另一方的农村银行业金融机构的部分客户流向农村商业银行。那么，两类机构不断竞争形成的（S2，W2）均衡解中，两者的利润S2>S1，W2<W1。

情形三，一方农村商业银行运用金融科技采取数字科技创新策略，提供差异性产品，而另一方的农村银行业金融机构采取低利率竞争策略。此时的均衡解为（S3，W3），利润水平依次分别为S3和W3。

情形四，同上，农村商业银行运用金融科技采取数字科技创新策略，提供差异化产品，但另一方的农村银行业金融机构采取高利率策略。此时的均衡解（S4，W4）中，由于差异性产品是通过互补效应争取新客户，农村商业银行采取科技创新可开发出新的市场，所得到的市场份额将大于竞争策略下的份额，即S4>S2，W4>W2。

基于以上四种情形，选市场竞价策略还是数字科技创新策略的主动权在于有金融科技运用的农村商业银行一方。前文已得 S1<S2，由于两类银行都是理性的，若 S3<S1，农村商业银行会运用金融科技采取竞争策略，而此时，由于前文已分析 W2<W1，另一方的农村银行业金融机构的最优策略应该是用低利率策略，则可得到均衡策略为（市场竞价策略、低利率策略），此时的均衡解为（S1，W1）。若 S1<S3<S2，农村商业银行运用金融科技既可以选择数字科技创新策略，也可以选择市场竞价策略，由此我们只能得到混合均衡解。若一方农村商业银行运用金融科技选择数字科技创新策略，由于对另一方的农村银行业金融机构来说 W4>W2，因此均衡解为（S4，W4），均衡策略为（数字科技创新策略、高利率策略）；若一方农村商业银行运用金融科技采取市场竞价策略，另一方的农村银行业金融机构会回到低利率策略，可得到均衡策略为（市场竞价策略、低利率策略），此时的均衡解为（S1，W1）。混合均衡的策略最终由概率决定。若 S1<S2<S3，对于一方农村商业银行而言，选择数字科技创新策略是严格占优策略；此时另一方的农村银行业金融机构的最优策略为高利率策略，因此均衡解为（S4，W4），均衡策略为（数字科技创新策略、高利率策略）。

（1）运用金融科技的农村商业银行选择数字科技创新策略的分析。

从以上博弈分析可以得出，运用金融科技的农村商业银行是否采取数字科技创新策略，取决于 S3 和 S1 的大小，若 S3<S1，其市场竞价策略是最优选择，而当 S3>S1 时，即采取数字科技创新策略的利润水平高于采取市场竞价策略的利润水平时，农村商业银行就会考虑是否运用金融科技采取数字科技创新策略。进而当 S3>S2>S1 时，即采取数字普惠金融创新策略的利润水平高于采取市场竞价策略的任何情况，则农村商业银行会采取严格占优的创新策略，此时表格的第四象限（S4，W4），即（数字科技创新策略、高利率策略）为均衡策略。当 S2>S3>S1 时，则产生混合均衡解，均衡解由概率决定为（S4，W4）或（S1，W1），即（数字科技创新策略、高利率策略）或（市场竞价策略、低利率策略）。

借鉴金融机构创新模型（Alien 和 Gale，1994），假设当一方农村商业银行选择与另一方农村银行业金融机构类似的借贷业务，效用为 U（A）；采取数字科技创新的差异化产品效用为 U（A′），产品创新需要投入的单位成本为 C。则农村商业银行的利润函数可表示为：

$$\prod = U(A') - U(A) - C(A' - A) \tag{4-11}$$

其中，A 表示普惠金融市场上产品创新前的产品数目，A′ 表示产品创新后的金融产品数目。只有 U（A′）-U（A）≥C（A′-A）的情况下，农村商业银行才会运用金融科技采取数字科技创新的策略。

（2）运用金融科技的农村商业银行选择市场竞价策略的分析。

前文得出，若 S3<S1，农村商业银行运用金融科技选择市场竞价策略是最优策略。当 S2>S3>S1 时，农村商业银行是否选择市场竞价策略由概率决定。但只要一方农村商业银行选择了市场竞价策略，其与另一方的农村银行业金融机构的均衡策略就为（市场竞价策略、低利率策略），以便双方抢占更多的市场份额。

若不考虑距离等其他因素对客户选择的影响，一方农村商业银行和另一方的农村银行业金融机构是单纯的同质产品的竞争，类似于伯特兰德模型（Bertrand，1883），双方是典型的竞价模式，利率越低的银行市场份额将会越多。而当利率降低到等于边际成本时，双方都不会再降低利率，而且若是同质的竞争，最终的均衡解中，两者的边际成本相等。因此，一方农村商业银行和另一方的农村银行业金融机构的纳什均衡为 P1=P2=c（其中 P1 为数字农村商业银行的均衡解，P2 是传统农村商业银行的均衡解，c 为边际成本）。

但实际情况中，客户对于不同类型的机构选择，还会考虑距离等因素。若假设农村地域竞争是线性的，则适用于 Hotelling 模型（Hotelling，1929）。假设客户均匀地分布在一条长度为 1 的直线上。市场只存在一个农村商业银行和任一其他农村银行业金融机构。农村商业银行定位在点 a≥0，任一其他农村银行业金融机构定位在点（1-b），其中 b≥0。设 1-a-b≥0（即农村商业银行位于任一其他农村银行业金融机构的左边，若 a＝b＝0，则两类银行距离最远；若 a+b＝1，则两类银行距离最近，如图 4-6 所示）。在考虑了客户的交通成本之后，设客户承担的交通成本是每单位成本 t 元，交通成本是二次式的，即对于任何生活在 x 处的客户，选择农村商业银行的交通成本为 t（x-a）$^2$，且设客户生活在 x 处。

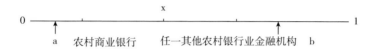

**图 4-6　线性地域竞争模式**

若是同质产品的竞争，客户的需求由距离决定。设 r1 为农村商业银行的利率，r2 为任一其他农村银行业金融机构的利率，则最终可得到需求函数分别为：

$$D_1(r1, r2) = x = a + \frac{1-a-b}{2} + \frac{r2-r1}{2t(1-a-b)} \tag{4-12}$$

$$D_2(r1, r2) = 1-x = b + \frac{1-a-b}{2} + \frac{r1-r2}{2t(1-a-b)} \tag{4-13}$$

由此得到均衡利率分别为：

$$r_1^c(a, b) = c + t(1-a-b)\left(1 + \frac{a-b}{3}\right) \tag{4-14}$$

$$r_2^c(a, b) = c + t(1-a-b)\left(1 + \frac{b-a}{3}\right) \tag{4-15}$$

可以看出，线性竞争模式下的均衡解最终由边际成本和距离成本作为策略来定价，不存在唯一的均衡解，换句话说纳什均衡是无解的。若两类机构的利率竞价激烈，则在选址时倾向于远离对方，使差异度尽可能高。若两类银行的利率竞价不激烈，则在选址时倾向于向中心靠拢，此时差异化程度低。

进一步地，假设未来几年金融科技进一步推广，或者技术渗透于所有农村银行业金融机构，包括所有的农村商业银行。此时同类之间也会出现竞争。此时由于金融科技的运用可以打破物理距离，地域模式更接近的网络空间竞争模式，可借鉴环状城市竞争模型（Salop，1979）。如图4-7所示，假设农村商业银行均匀地分布于圆环上，那么每个农村商业银行的竞争对手只有左右相邻的两个。假定客户距离农村商业银行2的距离为x，单位差异化成本为t，且农村商业银行1的利率为r1，农村商业银行2的利率为r2，则客户的成本均等条件为：r1+tx＝r2+t（1/n−x）。在此基础上求出双方的需求函数，最终可得类似于Salop模型的均衡解：r1＝r2＝c+t/n。当两农村商业银行产品差异越大，均衡利率高于边际成本的幅度越大。

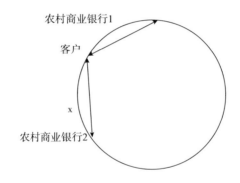

**图4-7  环形地域竞争模式**

根据Salop的环状模式，最终可演变为有众多近乎无数的客户均匀分布在圆环上的情景。在金融科技发展到一定程度，我们可以类比此模型求出一个最优的农村商业银行数量。假设有无数客户，总数为D，均匀分布在周长为1的圆环上，有n家运用金融科技的农村商业银行也在这个圆环上，客户去农村商业银行的交通成本为ax，其中x是客户与农村商业银行间的距离。若一家农村商业银行的固定成本和产品研发成本为F，则根据Salop模型，为了使所有的成本最小化，可得出一阶条件即：

$$n^* = \frac{1}{2}\sqrt{\frac{Da}{F}} \tag{4-16}$$

由此可见，在满足产品差异化和成本最小化条件后，市场上运用金融科技的农村商业银行的数量由农村商业银行的固定成本和研发成本（F）以及目标客户数量（D）决定，是一个可控制的解。

因此，在同业竞争环境下，运用金融科技的农村商业银行能够提升自生能力。同时，能够达到提升普惠能力的目的。以信贷业务为例，其中一个策略即有金融科技运用的一方农村商业银行选择数字科技创新策略的同时，另一方的农村银行业金融机构选择高利率策略，这时普惠金融市场显现为互补效应，运用金融科技的农村商业银行对其他传统农村银行业金融机构所忽视的"长尾客户"吸引最大，两类银行的客户交叉度较小，在这种情况下农村商业银行运用金融科技能让农村金融的服务覆盖面扩大，普惠能力中的"普"得到提升的机会；另一个策略则为有金融科技运用的一方农村商业银行选择市场竞价策略的同时，另一方的农村银行业金融机构选择低利率策略。此时普惠金融市场显现为替代效应，两类银行通过竞价的手段抢占客户，客户具有重叠性。在这种情况下，农村商业银行运用金融科技能够实现业务单位成本的降低，通过竞价会使借贷利率进一步降低，普惠能力中的"惠"得到提升。并且，通过线性竞争模型和环形竞争模型的探讨，运用金融科技的农村商业银行具有数字技术的优势，这种优势比如大数据的运用可以改变选址策略，进一步降低信息不对称问题，跳出原有竞争模型的框架，进行最优选择。

因而可以得出，虽然目前农村金融市场运用金融科技的机遇与挑战并存，导致很多农村商业银行还没有进行金融科技的改革，但真正能够良好运用金融科技的农村商业银行无论是采取市场竞价策略还是数字技术创新策略都能更强、更灵活地提升其服务长尾客户时的自生能力，从而提升普惠能力。

# 4.3 本章小结

本章从农村商业银行的信用评价、调查技术和风险监测等方面综合分析了运用金融科技的关键技术提升农村商业银行解决信息不对称问题的优势，并根据金融科技不同技术的优势，结合金融科技的网络经济特性，探讨了金融科技提升农村商业银行普惠能力的作用机理（见图4-8）。

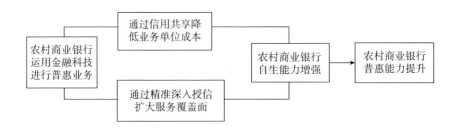

**图4-8 金融科技提升农村商业银行普惠能力的作用机理**

通过分析信贷收益得出农村商业银行运用金融科技提升普惠能力的关键在于在解决信息不对称问题的同时实现业务单位成本的降低和服务覆盖面的扩大。进一步通过几个博弈矩阵分析得出农村商业银行运用金融科技可实现信用共享，从而降低普惠业务单位成本，通过深入运用金融科技实现精准授信，最终扩大服务覆盖面，在同业竞争环境下提升其服务"三农"和"小微"时的自生能力，深度发挥金融科技的功能，以此自生可持续地提升农村商业银行的普惠能力。

金融科技正是通过人工智能和大数据挖掘的方式，分辨出同等条件下生产获利能力较强、信用优质的"三农"和小微经济主体等长尾客户，通过区块链建立的信息共识机制和统一信用评价标准来加大信用环境对失信的不认可，从而降低农村商业银行的小额贷款违约率。用分布式可移植的记账方式记录"三农"和小微经济主体的信用水平和交易并实时跟进记录，来减少单一"三农"和小微经济主体因多次贷款而产生重复的填报信用信息等费用支出，从而解决业务单位成本高的问题。同时提高精准识别目标客户的能力，并通过产品创新来提高目标客户的服务覆盖面，增强获客和盈利的能力；通过相互关联的网络云端的风控平台的场景建立，提高违约成本，用网络传递的方式无形提高惩罚力度和道德谴责力度，从而加大信用环境对违约的不认同；利用去中心化和篡改难度大的金融科技特征，实现更安全的方式贷款，并因此有条件降低贷款利率，通过数字技术的综合运用，完善借贷双方的信用评级，并建立统一的衡量标准，从而简化贷款程序和审批流程来减少客户的其他交易成本，从而吸引更多的客户，进一步扩大服务覆盖面，以此形成"风险可控—成本降低—长尾客户服务覆盖面扩大"的良性循环，从而突破"三农"和"小微"融资难、贵、慢的问题难以同时解决的困境，最终提升农村商业银行的普惠能力。

下文将基于目前农村商业银行没有全部进行金融科技革新的现状，以目前运用金融科技且运行良好的农村商业银行为样本，对运用金融科技的农村商业银行的成本和服务覆盖面进行实证分析，以此检验金融科技提升农村商业银行普惠能力的机理的实际运作情况。第 5 章将实证检验农村商业银行运用金融科技能否真正解决服务"三农"和小微业务单位成本高的问题。第 6 章将实证检验农村商业银行运用金融科技能否扩大"三农"和"小微"服务覆盖面的问题。若农村商业银行在实际运用金融科技的过程中业务单位成本的确能降低、对目标客户的服务覆盖面的确能扩大，依据本章的机理分析，则能说明金融科技能够在实际运用中提升农村商业银行的普惠能力。

# 第5章 金融科技降低农村商业银行普惠业务单位成本的实证

基于前文的研究，农村商业银行作为农村中小银行之一，相对于大型银行来说，在技术和资本上都不具备优势，因而在目前金融科技渗透的环境下，对金融科技的运用程度不同：走在前列的农村商业银行已完成金融科技转型的初级阶段，研发与合作并行，开始进入"数智化"阶段；一部分农村商业银行处于运用金融科技的初级试探阶段，有的在零售等局部领域尝试金融科技，有的直接购买现成的金融科技产品；另一部分农村商业银行暂时没有涉足金融科技（中国农金商学院课题组，2022）。农村商业银行作为普惠金融服务的重要主体，"三农"和小微客户是其目标客户，一直以来运用传统的贷款技术在为"三农"和小微主体提供服务时，面临的信息不对称而导致的风险大、成本高、缺乏抵押物等问题更突出（李明贤和叶慧敏，2010）。农村商业银行在开展业务时，需要在盈利性、政策要求和风险防范等目标之间进行权衡，只有当运用金融科技能够在解决信息不对称问题的同时，普惠业务单位成本能得以控制并降低，农村商业银行才有主动性深化金融科技的转型，让金融科技的优势在农村商业银行中发挥，提升其普惠能力。否则，农村商业银行在经营普惠业务过程中较高的成本会影响提供信贷产品的利率，而高利率必定会对农户等弱势群体的利益形成剥夺，损害改善其经济状况的目标，解决不了弱势群体融资难、贵、慢的问题（李明贤和周孟亮，2013）。

那么农村商业银行在运用金融科技给"三农"和"小微"等弱势群体提供存贷业务时，其业务单位成本是否得以降低？与关系型贷款、抵押担保等传统的信贷技术相比，金融科技通过对信贷技术的改进缓解信息不对称问题的同时，是否能有效降低农村商业银行金融服务的成本，从而在商业可持续的前提下提升普惠能力？本章将对农村商业银行运用金融科技过程中普惠业务单位成本是否降低的问题进行详细探讨。

# 5.1　传统技术下农村商业银行业务单位成本高的原因

农村商业银行在农村金融业务开展中经常面临着高成本的困境。原因如下：

第一，在同业竞争的环境下，农村商业银行相比于大银行，其本身由于资本金有限、规模有限而面临自身生存压力。由于其客户大多是被大型金融机构所排斥的"三农"及小微经济主体，其业务主要在基础设施不完善和信息不发达的乡镇开展，加上农村信用体系不完善，农业具有较高的市场风险和自然风险，收益不稳定，农户和小微企业等信息分数，抗风险能力不强，运营过程难以控制，信用担保机构和风险补偿专项资金缺失等，导致农村商业银行缺乏有效的风险分担机制。即便是一些小微经济主体能够提供抵押担保品，农村商业银行也需要承担授信押品的估价费用、抵押登记费用和押品评估成本，其中评估费一般按照3‰收取，抵押登记费为住宅类每户80元，非住宅类550元（笪咏胜，2019）。对于农村商业银行来说，其收入本就受"小额、分散"的业务影响相比于大银行来说少很多，却又面临着较高的费用，导致其在运营过程中消耗的费用占总收入的比率较高，增加了农村商业银行运营负担。

第二，对于传统信贷技术下的信用贷款和保证贷款来说，由于信息不对称、偏远和欠发达地区地理空间距离和交通信息不发达也导致了农村商业银行往往需要更多的人工来审批和监管业务，因而在信贷等金融业务开展过程中，都面临需承担比大型银行业金融机构更高的人工成本、业务管理成本。信贷业务在农村商业银行内部也面临着代理成本的问题，比如农村商业银行委托基层信贷员给弱势群体提供贷款服务过程中，信贷员有可能为了追求个体效用最大化，减少繁琐的人工审批和监督程序，而做出过度贷款或在受贿之后发放低质量贷款、隐瞒财务状况等行为（Berger 和 Udell，2002）。农村商业银行为了杜绝此类行为的发生，一方面需要通过制定相关规章制度来约束和激励信贷员的行为；另一方面需要花费更多精力和资源来进行监督，对于农村地区基于软信息的关系型社会来说，信贷员需通过自由裁量权来影响信贷业务是否获批和获批额度（Liberti 和 Petersen，2019），小微主体贷款的异质性也需要农村商业银行自行相机抉择设计贷款合约，这都导致了更繁琐的监督管理和更高的代理成本。另外，传统信用评分模型虽能将客户的一部分"软信息"硬化，相对于关系型贷款来说可降低相关交易成本，但能否真正缓解信息不对称问题，取决于模型的可靠性、数据的真实性、评分结果的准确性，若数据缺失、失真、不平衡等都可能造成更大的搜索成本（周鸿卫和田璐，2019）。

# 5.2 金融科技缓解农村商业银行业务单位成本高的逻辑

金融科技在农村商业银行运用的重要价值在于缓解信息不对称、提高业务效率、降低业务成本。由于"三农"和小微经济主体难以提供有效的抵押品，传统信贷技术需要通过关系贷款、人工走访等方式搜集软信息、审核借款人，并且需要监督借款人行为，这一系列的活动都需要耗费大量的人力、物力、财力和时间。

而通过运用金融科技，理论上来说，一方面可以提高业务效率，从而较快释放抵押品和资金用于其他生产用途（徐忠和邹传伟，2021）。另一方面金融科技采取线上的方式，运用大数据、云计算、人工智能、区块链等技术可以在农村商业银行内部建立实时的客户信息网络，通过各种搜索引擎和平台采集个人和企业各种线上活动数据（包括互联网贷款、理财、保险、网络缴费、电商购物消费、租车打车、企业网上交易等信息），并对海量信息进行分析计算（信息的种类扩大到包括人的行为、活动内容、兴趣爱好等方面）（粟勤和魏星，2017）。以此将关系型贷款的"软信息"转变为"硬信息"，并在此基础上更新信息评分模型，用智能合约将原本复杂的交易过程自动化，实现金融交易和业务流程自动化，促进交易各方的匹配，降低贷款评估成本、金融机构的运作成本和金融业务交易成本。通过手机等移动设备的线上金融服务场景，解决村落与银行网点物理距离远的问题，节约传统技术下农村商业银行提供金融服务网点和机具的布设成本和人工走访的交通成本。同时通过数据挖掘等技术解决传统技术下数据获取、信用记录不全面不完整的问题，从而降低审核的时间成本、信息收集和处理成本、排队等候的时间成本等。同时借助数字技术和互联网的普及，农村商业银行可拓宽获客渠道，降低获客成本。目前我国已建成全球最大的 4G 网络，中国大部分农村具备 3G/4G 手机上网条件，移动电话普及率达 95%，网民规模达 7.1亿，互联网普及率达 51.7%，超过全球平均水平 3.1%，超过亚洲平均水平8.1%，手机网银用户超过 5 亿户，金融科技的"硬件"条件优势明显。通过借助产业链、价值链、物流等信息系统的支撑，金融科技也可在极大程度上解决小额涉农贷款中天然存在的高成本、高风险问题。可将分散的个体农户组织起来，更有效地引入大资本、大生产、大流通（徐忠和邹传伟，2021）。

虽然金融科技具有普惠的本质这一观点已得到广泛认可（黄益平和黄卓，2018），但银行研发或引进金融科技项目和相关技术本身也需要花费资金和成本，同时随着信息技术的进步，与应用相融合的金融科技项目呈现新的特征，项目运作的成本管理也面临新挑战（张智慧，2020）。对于规模小、实力弱、人员少的农村商业银行来说，在金融科技实际运用过程中业务单位成本能否降低也许更需要考量。因而下文将对农村商业银行的业务单位成本进行测算和比较分析，以观察金融科技运用前后其业务单位成本的变化。

# 5.3 金融科技降低农村商业银行的业务单位成本测算与分析

本节试图测算以农村商业银行在开展主营业务过程中所消耗的各种费用，这些费用构成开展业务时的成本。根据康芒斯对交易概念的界定，可以将银行体系的业务活动界定为一系列交易关系，这些交易关系中，交易主体主要包括借款方（企业）、贷款方（银行）、储蓄方（居民和企业）、监管方（政府）（商立平，2005）。银行内部、银行之间、银行与政府之间以及银行与企业之间的搜索成本、谈判成本、实施契约成本、监督成本等都能称为交易成本（李尔博王，2007）。张五常也提出交易成本包括一切不直接发生在物质生产过程中的成本，其类型涵盖了企业生产经营运行的主要成本（饶晓秋，2006）。

在这一概念的基础上，本节测算的业务成本涵盖了农村商业银行提供金融服务的所有成本以及在业务开展中为缓解信息不对称而产生的交易成本。在测算方法上借鉴成本管理会计学、会计学和交易成本理论对业务成本进行测量的方法，测算金融科技运用前后农村商业银行的业务成本变动情况。

样本来源于农村商业银行金融科技创新的获奖案例。由于各农村商业银行进行金融科技创新的年份不同，从金融科技运用之初到稳定期，金融业务涉及的各种成本也不同，因而我们除了搜集各获奖农村商业银行样本的财务数据来分析其单位成本，也通过咨询和查询等方式搜集各获奖农村商业银行样本金融科技创新的具体实施年份、大记事和措施，希望能更客观全面地了解金融科技对农村商业银行业务单位成本的影响。

### 5.3.1 测算思路和步骤

根据成本管理会计理论，借鉴作业成本法（Activity-Based Costing）和估时作业成本法（阿不都热西提和赵公章，2009；刘书昂，2018），以作业为核心，而不是如同传统成本法中以产品为核算对象，从而可以把金融服务所涉及的直接资源成本和间接费用都归集到作业成本库，以合适的动因将成本归集资源耗费分配到相应产品，根据总成本和产品产量计算业务单位成本，并将作业所耗时间纳入成本分析。

（1）成本分配。

首先对农村商业银行的所有支出进行分类，由于目前农村商业银行在农村地区的业务主要以存款和贷款为主，因此根据所获资料和数据，将业务分为存款和贷款两大类，其中贷款又按担保方式分为信用贷款、保证贷款、质押贷款、抵押贷款。然后将能明确属于具体业务的成本直接归入相应成本计算，将无法明确归属的支出归入共摊成本，按相应业务比例进行分摊。对银行来讲，贷款的资金主要来源于存款，利息是存款的成本，也是贷款的资金成本，加上手续费及佣金支出、营业支出、营业税金及附加、营业外支出、业务及管理费用，包括固定资产折旧、员工费用、其他一般及行政费用等，归入业务共同分摊成本。存款的利息支出归入存款成本。由于不良贷款余额和不良贷款拨备覆盖率的乘积构成贷款减值准备，可用当期贷款减值准备与当期贷款总额的比值来分析农村商业银行在贷款业务发生后对客户有可能产生的信用违约损失所愿消耗的单位费用（下文用信用成本表示）。

（2）业务基数和共摊成本权重的测算。

存款和贷款虽然是农村商业银行的主营业务，但农村商业银行经营所产生的成本也许并不是完全由这两种业务产生的，因而简单地用存款和贷款分别占存贷款总额的比例作为权重欠妥。也有相关研究证实采用回归分析计算分摊成本权重的结果较为稳定，而采用简单平均法计算成本分摊权重异常值较多（任丹妮，2017）。因而本节以存款和各项贷款的余额来表示各项业务基数，并对共摊成本的总额与各项业务基数之间的关系进行回归分析，从而确定业务基数变化对共摊成本总额变化的影响系数，以此确定各项产品分摊共同成本的权重。最终农村商业银行的各项业务总成本由单独承担的成本加上业务分摊权重乘以共摊成本总额计算得到，业务单位成本则等于业务总成本除以业务基数的商。

假设共摊成本总额用 shared 表示；存款业务量用 deposit 表示；贷款业务量用 Loan 表示；信用贷款业务量用 C 表示、保证贷款业务量用 G 表示、质押贷款业务量用 H 表示、抵押贷款业务量用 M 表示。利息支出为 interest expense，信用成本用 XYC 表示，$\beta_1$ 为存款业务量的变化对共摊成本总额变化的影响系数，$\beta_2$ 为贷款业务量的变化对共摊成本总额变化的影响系数。可建立回归方程式：

$$shared_t = \beta_0 + \beta_1 \times deposit_t + \beta_2 \times Loan_t + \varepsilon \tag{5-1}$$

那么，存款成本的分摊权重计算公式为：$De = \dfrac{\beta_1}{\beta_1 + \beta_2}$，贷款成本的分摊权重计算公式为：$Lo = \dfrac{\beta_2}{\beta_1 + \beta_2}$。由于信用贷款、保证贷款、质押贷款和抵押贷款是贷款的四种方式，则信用贷款在贷款业务成本中的分摊权重为：$Cr = \dfrac{C}{C+G+H+M}$，保证贷款在贷款业务成本中的分摊权重为：$Gu = \dfrac{G}{C+G+H+M}$，质押贷款在贷款业

务成本中的分摊权重为：$Hy = \dfrac{H}{C+G+H+M}$，抵押贷款在贷款业务成本中的分摊权

重为：$Mo = \dfrac{M}{C+G+H+M}$。

因此，农村商业银行的单位存款业务成本（$CUD_t$）、单位贷款业务成本（$CUL_t$）、单位信用贷款成本（$CUC_t$）、单位保证贷款成本（$CUG_t$）、单位质押贷款成本（$CUH_t$）、单位抵押贷款成本（$CUM_t$）的计算公式可分别表示为：

$$CUD_t = \frac{(\text{interest expense})_t + De \times shared_t}{Total-deposit_t} \tag{5-2}$$

$$CUL_t = XYC_t + \frac{(\text{interest expense})_t + Lo \times shared_t}{Total-loan_t} \tag{5-3}$$

$$CUC_t = XYC_t + \frac{(\text{interest expense})_t}{Total-loan_t} + \frac{Cr \times Lo \times shared_t}{credit-balance_t} \tag{5-4}$$

$$CUG_t = XYC_t + \frac{(\text{interest expense})_t}{Total-loan_t} + \frac{Gu \times Lo \times shared_t}{guarantee-balance_t} \tag{5-5}$$

$$CUH_t = XYC_t + \frac{(\text{interest expense})_t}{Total-loan_t} + \frac{Hy \times Lo \times shared_t}{hypothecated-balance_t} \tag{5-6}$$

$$CUM_t = XYC_t + \frac{(\text{interest expense})_t}{Total-loan_t} + \frac{Mo \times Lo \times shared_t}{mortage-balance_t} \tag{5-7}$$

### 5.3.2 测算样本来源及结果

为排除经济社会环境等对农村商业银行业务造成的影响，本部分选取2010~2019年在金融科技创新运用方面具有突出表现的农村商业银行的财务及业务数据，以避开2007~2008年美国次贷危机引起的全球金融危机爆发以及2020年初新冠肺炎疫情发生所造成的影响。由于目前农村商业银行对金融科技的运用参差不齐，为更好地聚焦农村商业银行运用金融科技之后的成本变动情况，而排除因资金不足、人员不够、金融科技运用不完善不深入而造成的"假数字化"等额

外因素，所研究的样本为科技创新案例比赛多次获奖的优秀农村商业银行，并尽可能搜集到各样本农村商业银行详细的金融科技发展情况和财务等数据。分别是连续九年获评"全国最佳农商银行"，2014 年开始推行金融科技产品的 BJ 农村商业银行①；全国首批改制的三家县级农村商业银行之一，并于 2016 年登陆深交所中小板市场，且为全国首家登陆 A 股市场，于 2015 年开始推行金融科技产品的 JY 农村商业银行②；全国首家 A+H 股上市农村商业银行，从 2016 年开始正式推行金融科技产品，并获 2019 年中国电子银行金榜奖"最佳数字金融创新奖"，"金融标准创新先进单位""金融科技创新先进单位""人脸识别线下应用试点先

---

① BJ 农村商业银行自 2005 年由农村信用合作社改制成立以来，运行一直较平稳，从 2014 年开始推行各种金融科技创新产品并获得各种年度奖项。BJ 农村商业银行所获金融科技创新奖项"金凤凰掌上交易宝"产品在"2013 中国金融创新奖"颁奖典礼上获地方性金融机构"十佳金融产品创新奖"。"惠商宝"电子结算融资产品荣获"2014 年度全国中小企业最受欢迎金融特色产品奖"。"基于物联网的智能金库管理系统"获中国人民银行"2015 年度银行科技发展奖——银行科技发展三等奖"，并与"社区 e 服务"产品一起获得 2015 年度中国金融业科技及业务创新"金融行业优秀科技创新奖"和"金融行业优秀渠道创新奖"。2017 年"大数据平台建设项目"获首届农村中小金融机构科技创新优秀案例评选——十大网络人气优秀案例奖。"多模态生物识别统一认证的应用与实施项目"被评为中国银保监会举办的 2018 年度银行业信息科技风险管理课题研究成果评选的"三类成果奖"。"三地多活数据中心""智能作业平台案例"被评为 2018 年度农村金融科技创新优秀案例评选的"技术创新优秀案例"，"柜面印章电子化项目"案例被评为"应用创新优秀案例"。信用卡自建审批决策系统荣获亚洲银行家"2019 年度最佳信贷技术实施"奖。"基于机器学习技术的大数据现金管理模型应用"获 2019 年度金融科技及服务优秀创新奖评选的"金融科技产品创新突出贡献奖"。"柜面智能化的研究与实践"项目获 2019 年度农村金融科技创新优秀案例评选"金融服务创新优秀案例"奖。"银证养老服务平台"项目获得 2019 年度农村金融科技创新优秀案例评选"安全可控优秀案例"奖。

② JY 农村商业银行于 2001 年改制成立，在运用金融科技之前，JY 农村商业银行就很注重普惠金融业务创新，加强银政、银农合作，不断创新服务模式。比如创新"合作社+农户"贷款业务，用于支持家庭农场的"农业助力贷"信贷产品。创新担保模式，扩大抵质押范围（主要抵质押物有房产、土地使用权、存单、债券、票据等），探索保证担保，以家庭成员为共同借款人推出"家庭快贷"，接受个人担保推出"保易贷"。执行存款利率一浮到顶，推出"节节高"约定存款，深入开展吸储工作，实现总存款的平稳增长。从 2015 年起，开始推行金融科技产品，"银行+社区+互联网"的智慧金融智能 O2O 平台"金邻里"于 2015 年试营业，于 2016 年正式开业，并且增加了微信"摇一摇周边"功能，链接更多线下客户，提供个性化信息和服务。普惠金融"流动银行车"可自助存取款、自助发卡查询和体验、开通网上银行和手机银行等。建立了信息安全"三道防线"，实现了融合物理网点和虚拟渠道、线上和线下平台相连接等多项成果。构建了与社区、农村合作医疗等跨部门连接的普惠金融服务网络。"全民付"实现银行转账、信用卡还款、电费水费等公共事业缴费一站通，银贷通、抵贷通、金贷通、惠农通等业务实现了"一次授信可循环使用"，可按实际占用资金天数计算利息随时还款。风控体系在分工明确的监控方式下实现了实时监控，进一步补充并有效识别、评估、计量、监测和控制各项业务所承担的各类信用风险，并可在客户风险状况发生变化的同时加强担保措施，增加质押物品，以此更有效控制信用风险，降低交易成本。

进单位"的 CQ 农村商业银行[①]；于 2010 年挂牌成立，2014 年开始的金融科技创新，获"2014 中国农村中小金融机构 IT 创新最佳案例奖""2015 年度金融行业产品创新突出贡献奖"及"2015 年度金融行业渠道创新突出贡献奖"，2018 年推行基于大数据技术的电子渠道反欺诈平台和基于人工智能的综合客服系统的 TJ 农村商业银行；同为 2010 年挂牌营业，2016 年构建了跨平台、多渠道的智能银行，实现了多渠道实时获取、智能营销、实时评估的跨越的 CD 农村商业银行；最早研发、投入并运用金融科技产品的 WX 农村商业银行[②]；在 2016 年由农村合作银行改制成立，于 2017 年开始金融科技改进的 YZ 农村商业银行[③]；在 2005 年由农村信用合作社改制成立，从 2016 年起开始金融科技创新的 SH 农村商业银行[④]。

---

① CQ 农村商业银行组建于 2008 年，从 2016 年开始正式推行金融科技产品，加快实现了线上和线下双轮驱动，使具有特色的"三农"等金融产品得以融合发展。对低收入农户实现了精准帮扶服务台账，能运用动态管理做好信息共享和协同推进，对欠发达县实现了批量授信和在线审批，提高放贷效率。在偏远乡镇已设立近 600 个农村"便民金融自助服务点"，推出流动银行服务车，打通了农村金融服务"最后一公里"；实现了手机银行"村村通"，县域地区手机银行客户数占全行手机银行客户总数的 80% 以上，有力提升了欠发达地区金融服务的覆盖面和便捷度。通过与供销社、农民专业合作社融合合作，以互联网和大数据等技术打通线上和线下两个渠道，实现了信用社、供销社、农民专业合作社"三社"跨机构合作，共促"三农"的机制。同时构建了电商平台，将金融与农产品销售连接。

② WX 农村商业银行成立于 2005 年，2010 年经中国银监会批准正式更名，于 2013 年开始研发金融科技产品。改进了 2009 年开始发行的市民卡，使之成为具有医疗保障功能、银行金融、公共交通、消费支付、凭证、查询、记录等功能的万能卡。2015 年正式上线"阿福宝"，通过直销渠道管理 30 余只开放式基金和各类理财产品，相当于具有地域性质的"支付宝"。通过税银合作，推出"税易贷"，小微企业可在此平台上提出贷款申请，农村商业银行经过客户授权后可直接查询地税申报信息，以此确定贷款与否和贷款额度、利率和期限。推行"智慧报亭"，集各种公共生活充值缴费功能以及查询政务信息等便民服务、银行自助终端为一体。2016 年运行"银医通"，与医院跨界合作，采用线上微信结算和线下自助机结算全方位结合的新型银医合作方案使患者可通过现场自助挂号缴费机享受现场挂号、预约取号、门诊缴费等便利服务，同时也为农村商业银行更全面获取客户信用信息提供渠道。2019 年推出线上纯信用贷款产品"锡税贷"，提高服务效率，使贷款更安全和便捷。"锡银快贷"得以实现随借随还、在线用款、信用无担保，用户可享受一次扫码、一分钟授信、一分钟放款，年利率低至 4.35%，金额小到 500 元，额度高达 30 万元。

③ YZ 农村商业银行在 2016 年由农村合作银行改制成立，在 2017 年对银行收单的菜场场景进行研发，通过与城数集团、饿了么、客如云等共同合作，以增量运营、区块链存证、数据中台、线上线下结合等特点实现智慧菜场。

④ SH 农村商业银行在 2005 年由农村信用合作社改制成立。2016 年实现了持续观察和量化解析客户旅程，提高业务效率和风控能力。2018 年开发了可以线上预审批的"新农直报线上可循环贷款"。

根据回归方程式（5-1）得出的各样本农村商业银行存贷款基数对共摊成本的影响系数如表5-1所示。根据存款成本的分摊权重计算公式 $De = \dfrac{\beta_1}{\beta_1 + \beta_2}$，贷款成本的分摊权重计算公式 $Lo = \dfrac{\beta_2}{\beta_1 + \beta_2}$，可得各样本农村商业银行存款成本和贷款成本的分摊权重，如表5-2所示。进一步根据信用贷款、保证贷款、质押贷款和抵押贷款在贷款业务成本中的分摊权重公式，可得各样本农村商业银行四类贷款的成本分摊权重（见表5-3）。从成本分摊权重可以看出，权重的大小跟业务总量有关，业务总量大的贷款种类权重更大，因而需要继续由前文分析得出的各类业务单位成本公式分别测算样本农村商业银行2010~2019年的存款业务单位成本、贷款业务单位成本，以及根据担保方式划分的信用贷款业务单位成本、保证贷款业务单位成本、质押贷款业务单位成本和抵押贷款业务单位成本，以便观测和分析金融科技对各样本农村商业银行业务单位成本的影响。

表5-1　样本农村商业银行存贷款基数与共摊成本的回归运算结果

| 变量 | BJ农村商业银行 | JY农村商业银行 | CQ农村商业银行 | TJ农村商业银行 | CD农村商业银行 | WX农村商业银行 | YZ农村商业银行 | SH农村商业银行 |
|---|---|---|---|---|---|---|---|---|
| | 共摊成本 | 共摊成本 | 共摊成本 | 共摊成本 | 共摊成本 | 共摊成本 | 共摊成本 | 共摊成本 |
| 存款基数 | 1.85** (0.678) | 0.383** (0.164) | 2.376** (0.791) | 4.011** (1.436) | 0.965*** (0.192) | 0.163*** (0.0439) | 0.462** (0.220) | 0.105** (0.0495) |
| 贷款基数 | 1.51** (0.452) | 0.676** (0.195) | 1.454* (0.758) | 3.682** (1.112) | 0.155** (0.223) | 0.812*** (0.0530) | 0.413** (0.183) | 0.918*** (0.0640) |
| 常数 $\beta_0$ | 2.091 (1.579) | -4.446* (1.594) | -1.901 (2.025) | -3.848** (1.059) | -5.827 (2.070) | 1.252 (3.331) | 1.494 (9.699) | 1.892 (3.328) |
| 观测值 | 10 | 10 | 10 | 10 | 10 | 10 | 10 | 10 |
| $R^2$ | 0.969 | 0.978 | 0.967 | 0.921 | 0.973 | 0.959 | 0.963 | 0.958 |

注：括号内数据为稳健标准差；*** 表示 $p < 0.01$，** 表示 $p < 0.05$，* 表示 $p < 0.1$。

表 5-2  样本农村商业银行存款和贷款成本分摊权重

| 分摊权重 | BJ农村商业银行 | JY农村商业银行 | CQ农村商业银行 | TJ农村商业银行 | CD农村商业银行 | WX农村商业银行 | YZ农村商业银行 | SH农村商业银行 |
|---|---|---|---|---|---|---|---|---|
| 存款成本 | 0.55 | 0.36 | 0.62 | 0.52 | 0.86 | 0.17 | 0.53 | 0.10 |
| 贷款成本 | 0.45 | 0.64 | 0.38 | 0.48 | 0.14 | 0.83 | 0.47 | 0.90 |

表 5-3  四种担保方式贷款占贷款业务总成本的分摊权重

| 分摊权重 | BJ农村商业银行 | JY农村商业银行 | CQ农村商业银行 | TJ农村商业银行 | CD农村商业银行 | WX农村商业银行 | YZ农村商业银行 | SH农村商业银行 |
|---|---|---|---|---|---|---|---|---|
| 质押贷款 | 0.22 | 0.11 | 0.12 | 0.07 | 0.06 | 0.15 | 0.02 | 0.20 |
| 抵押贷款 | 0.18 | 0.46 | 0.53 | 0.41 | 0.56 | 0.36 | 0.66 | 0.56 |
| 保证贷款 | 0.22 | 0.41 | 0.24 | 0.38 | 0.29 | 0.45 | 0.19 | 0.15 |
| 信用贷款 | 0.38 | 0.02 | 0.11 | 0.14 | 0.09 | 0.04 | 0.13 | 0.09 |

由此根据前文的计算公式可以测算出各业务单位成本及走势，如图 5-1 至图 5-6 所示。

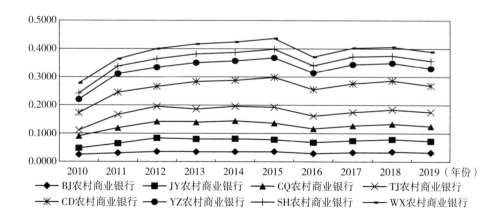

图 5-1  样本农村商业银行存款单位成本

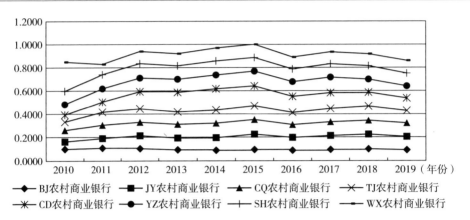

图5-2 样本农村商业银行贷款单位成本

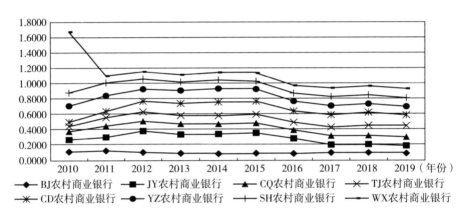

图5-3 样本农村商业银行质押贷款单位成本

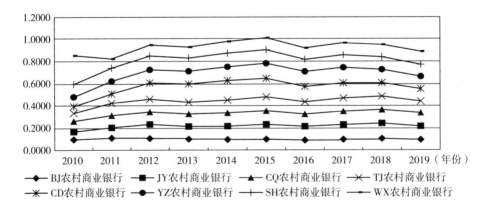

图5-4 样本农村商业银行抵押贷款单位成本

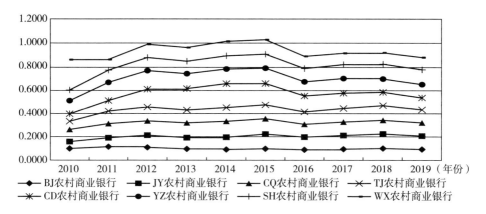

图 5-5　样本农村商业银行保证贷款单位成本

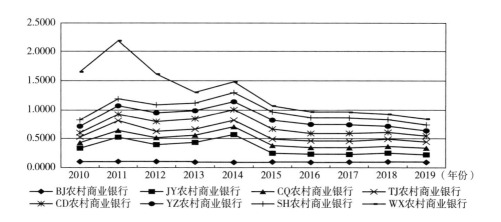

图 5-6　样本农村商业银行信用贷款单位成本

从图 5-1 至图 5-6 得出的各样本农村商业银行存款业务、贷款业务、质押贷款业务、抵押贷款业务、保证贷款业务和信用贷款业务的单位成本的走势可初步看出，有降低趋势，但个体有差别。因此根据总样本特性，本部分继续构造长面板回归模型，检验金融科技运用这一事件对农村商业银行各业务单位成本的影响。

### 5.3.3 测算结果的回归分析

运用金融科技这一事件对农村商业银行各业务单位成本影响的基准回归模型如下:

$$Y_{it} = \alpha_0 + \alpha_1 Fintech_{it} + \lambda_i + \nu_t + \varepsilon_{it} \tag{5-8}$$

其中,$Y_{it}$ 表示被解释变量,分别是单位存款业务成本($CUD_{it}\%$)、单位贷款业务成本($CUL_{it}\%$)、单位信用贷款成本($CUC_{it}\%$)、单位保证贷款成本($CUG_{it}\%$)、单位质押贷款成本($CUH_{it}\%$)、单位抵押贷款成本($CUM_{it}\%$),各指标值由前文测算得出。$Fintech_{it}$ 表示核心解释变量,以各样本农村商业银行推行金融科技产品的年份为分界点,运用金融科技之前的农村商业银行所对应的年份在 Fintech 这一变量下记为 0,之后记为 1。本部分运用的变量构造方式包含农村商业银行通过与金融科技公司交易合作或自主研发等对金融科技运用的任意形式所推行的金融服务产品,以此得以全面考察金融科技产品的推行效果。因而也避免了一些文献用文本挖掘法在百度搜索上提取金融科技词库来构建金融科技指数,却难以表述清楚词库构建的合理性(比如区分哪些词汇可以代表农村商业银行已经运用的金融科技、需要多少词汇来构建统一规范的词库等问题)带来的弊端。

由于每家样本农村商业银行都在 2010~2019 年推行了金融科技产品,因此,为了更精确反映出样本农村商业银行的个体特征,模型中加入 $\lambda_i$ 作为个体固定效应,同时为了更精确反映年度的时间特征,模型中加入 $\nu_t$ 作为时间趋势效应。由于农村商业银行的样本个数(n)小于时间维度(t),为避免长面板扰动项 $\varepsilon_{it}$ 可能存在的组间异方差、组内异方差或组间同期相关,确保回归分析的稳健性和效率性,在回归运算过程中,本部分采取以下措施进行检验,方法一,使用所构造的双向固定效应的基本模型(5-8)来减轻不可观测的遗漏变量偏误,并估计系数,在此基础上对面板标准误进行校正(结果标记为 TWPCSE);方法二,考虑到样本组内自相关（自回归系数相同）、组间异方差或同期相关的问题，用广义最小二乘法（FGLS）进行估计，具体做法是先对模型（5-8）进行 OLS 估计，再用残差来估计 $\varepsilon_{it}$ 的协方差矩阵，以此进行 FGLS 估计，首先考虑自回归系数相同的情形（结果标记为 FAR1），其次考虑各组自回归系数不同的情形（结果标记为 FPSAR1）。

回归结果如表 5-4 所示。从三种回归方法的结果可看出，存款业务单位成本和贷款业务单位成本在金融科技的影响下，都有显著降低的总趋势，金融科技对农村商业银行业务单位成本的降低是稳健且有效率的。通过对贷款方式进行划分，从而克服了双向固定效应模型的遗漏变量偏误、潜在的组内自相关、组间异方差、同期相关问题的结果也可看出，金融科技对信用贷款、质押贷款、抵押贷款、保证贷款的业务单位成本都有降低的总趋势，且回归结果是显著且有效的。

表 5-4　金融科技对农村商业银行各业务单位成本影响的回归结果

| 变量 | 单位贷款业务成本（$CUL_{it}$%） | | | 单位存款业务成本（$CUD_{it}$%） | | |
|---|---|---|---|---|---|---|
| | TWPCSE | FAR1 | FPSAR1 | TWPCSE | FAR1 | FPSAR1 |
| Fintech | −2.039 * <br> (−1.064) | −1.919 *** <br> (−0.0458) | −1.688 *** <br> (−0.0842) | −0.546 ** <br> (−0.27) | −0.379 *** <br> (−0.0606) | −0.435 *** <br> (−0.0464) |
| Constant | −5.557 * <br> (−3.24) | −5.089 *** <br> (−0.1592) | −3.953 *** <br> (−0.3168) | −3.059 *** <br> (−1.124) | −2.231 *** <br> (−0.3585) | −2.402 *** <br> (−0.4043) |
| 个体效应 | Yes | Yes | Yes | Yes | Yes | Yes |
| 时间效应 | Yes | Yes | Yes | Yes | Yes | Yes |
| 观测值 | 80 | 80 | 80 | 80 | 80 | 80 |
| 变量 | 单位质押贷款成本（$CUH_{it}$%） | | | 单位抵押贷款成本（$CUM_{it}$%） | | |
| | TWPCSE | FAR1 | FPSAR1 | TWPCSE | FAR1 | FPSAR1 |
| Fintech | −2.478 <br> (−3.524) | −0.754 *** <br> (−0.0864) | −2.938 *** <br> (−0.162) | −2.211 ** <br> (−1.098) | −1.409 *** <br> (−0.193) | −1.713 *** <br> (−0.131) |
| Constant | 6.969 <br> (−11.22) | 14.34 *** <br> (−0.4663) | 15.31 *** <br> (−0.7861) | −6.909 ** <br> (−3.342) | −4.478 *** <br> (−0.7377) | −4.245 *** <br> (−0.5564) |
| 个体效应 | Yes | Yes | Yes | Yes | Yes | Yes |

续表

| 变量 | 单位贷款业务成本（CUL$_{it}$%） | | | 单位存款业务成本（CUD$_{it}$%） | | |
|---|---|---|---|---|---|---|
| | TWPCSE | FAR1 | FPSAR1 | TWPCSE | FAR1 | FPSAR1 |
| 时间效应 | Yes | Yes | Yes | Yes | Yes | Yes |
| 观测值 | 80 | 80 | 80 | 80 | 80 | 80 |
| 变量 | 单位保证贷款成本（CUG$_{it}$%） | | | 单位信用贷款成本（CUC$_{it}$%） | | |
| | TWPCSE | FAR1 | FPSAR1 | TWPCSE | FAR1 | FPSAR1 |
| Fintech | −1.897<br>（−1.185） | −1.608\*\*\*<br>（−0.0192） | −1.444\*\*\*<br>（−0.12） | −20.68<br>（−40.79） | −1.542\*\*\*<br>（−0.204） | −25.51\*\*\*<br>（−1.501） |
| Constant | −4.593<br>（−3.59） | −3.735\*\*\*<br>（−0.0714） | −1.114\*\*<br>（−0.5501） | 76.01<br>（−13.356） | 15.79\*\*\*<br>（−28.83） | 28.25\*\*\*<br>（−42.03） |
| 个体效应 | Yes | Yes | Yes | Yes | Yes | Yes |
| 时间效应 | Yes | Yes | Yes | Yes | Yes | Yes |
| 观测值 | 80 | 80 | 80 | 80 | 80 | 80 |

注：括号内数据为稳健标准差；\*\*\*表示 p<0.01，\*\*表示 p<0.05，\*表示 p<0.1。

此外，本部分还针对各家样本农村商业银行的各种业务单位成本走势结合各家对金融科技采取的具体创新进行了逐年分析，发现金融科技在降低业务单位成本时具有以下特点：

第一，金融科技的各类创新随着农村商业银行各类技术平台建立得越完善，业务单位成本降低得越多。比如，BJ 农村商业银行在 2014~2017 年基本上每年研发一种产品，到 2017 年和 2018 年 BJ 农村商业银行加大了金融科技研发投入的力度，一年多的时间建成了基于人工智能、机器学习等新型数字科技的大数据平台和多模态生物识别统一认证等多个系统，导致贷款业务单位成本有所上浮，但 2019 年随着各种平台和系统项目如信贷审批决策系统、大数据现金管理、柜面智能化和银证养老服务平台等落地后，服务效率提升，各类贷款业务单位成本又开始下降并降低到金融科技运用初始年以后的水平。CD 农村商业银行在 2016 年推行金融科技运用下的智能银行之后，各类贷款业务单位成本都形成业务适应之后逐年降低的明显趋势。

第二，金融科技的运用可以使业务单位成本在其他传统方式下得以控制的基础上，进一步降低。比如在运用金融科技之前，注重普惠金融业务创新的 JY 农村商业银行，从 2015 年起运用金融科技之后，业务单位成本在其他创新方式下已经得以控制的基础上，得以进一步有针对性地控制和降低。CQ 农村商业银行从 2016 年开始运用金融科技之后，在规避金融风险、提高农村金融服务便利性的同时，各类业务单位成本也都得以降低并控制在相对平稳的状态。

第三，金融科技产品的研发成果降低主营业务单位成本的程度与研发成果和主营业务的直接相关性有关。比如，TJ 农村商业银行 2014 年和 2015 年对于管理平台和电子商务平台的研发对贷款业务的创新针对性不强，TJ 农村商业银行的贷款业务的各类单位成本影响不大，在 2018 年正式运行了与贷款业务更相关的反欺诈平台和人工智能的客服系统之后，业务单位成本又基本降低至 2014 年以来的最低值（保证贷款业务单位成本降低至 2014 年以来除 2016 年以外的最低值）。WX 农村商业银行一直以来更注重纯信用贷款产品的研发和创新，信用贷款单位成本在金融科技创新下逐年降低的现象也因此更突出。

金融科技的运用能够降低业务单位成本。而且越是能直接降低信息不对称问题、减小信用风险的产品，则越能降低以信用贷款为主的贷款业务单位成本。这一发现也从成本降低的角度佐证了第 4 章得出的通过金融科技改进农村商业银行授信来提升其普惠能力的机理的合理性。此外，金融科技的研发过程本身会增大内部资源的消耗，而资金相对雄厚的农村商业银行（比如上市农村商业银行）能够更好地控制和减少研发所造成的资源消耗，以便控制和降低业务单位成本。资金相对欠雄厚的农村商业银行，若能够因地制宜地根据自身发展情况和当地经济金融社会情况，通过每年一个小项目以跨界合作等方式慢慢铺垫和积累来投入和研发金融科技运用的金融服务产品，农村商业银行的业务单位成本虽然在初期可能会难以控制，但长期也能更好地降低业务单位成本。

# 5.4 本章小结

通过借鉴现代企业成本管理会计学中对生产成本和交易成本的测算理论，在作业成本法的基础上进行改进，本章尽可能全面地测算了农村商业银行的业务单位成本。基于农村商业银行对金融科技的运用参差不齐的现状，为了排除因资金不足、人员不够、金融科技运用不完善不深入而造成的"假数字化"等额外因素，所研究的样本为科技创新案例比赛多次获奖的优秀农村商业银行，以此更好地聚焦农村商业银行运用金融科技前后的业务单位成本变动情况，并尽可能详细地搜集到各样本农村商业银行金融科技发展情况和财务等数据。同时，在时间区间避开了次贷金融危机和新冠肺炎疫情所可能造成的外部影响的前提下，运用对面板标准误进行校正的双向固定效应模型和考虑了样本组内自相关（自回归系数相同和自回归系数不同两种情形）、组间异方差或同期相关问题的全面广义最小二乘法对金融科技运用前后对农商业务单位成本的影响进行了估计，结果表明金融科技对农村商业银行的各业务单位成本具有显著的降低作用。

根据研究结果可以得出，农村商业银行在应用金融科技进行产品创新和商业模式创新的过程中，能够降低贷款业务单位成本。具体来说，金融科技的各类创新随着农村商业银行各类技术平台建立得越完善，业务单位成本降低得越多。金融科技也可以使业务单位成本在其他传统方式下得以控制的基础上，进一步降低。并且金融科技产品的研发成果降低主营业务单位成本的程度与研发成果与主营业务的直接相关性有关。对于资金相对雄厚且传统信贷技术运用本身就比较好的农村商业银行，金融科技的研发与应用在缓解信息不对称问题上越有优势，能在主营业务成本得以控制的基础上，进一步降低各类业务特别是信用贷款业务的单位成本，克服了传统信贷技术在控制风险的同时，不能很好地控制审批审查放贷等过程中所造成的高时间成本和效率较低的问题。虽然金融科技的研发和投入会造成更多的人力物力财力的消耗，然而，一旦技术产品落地且运行稳定之后，主营业务单位成本则能降低且控制在低位，从而打破在风险可控之时，成本却升高这一此消彼长的农村普惠金融服务现象，更全面有效地提升农村商业银行的普惠能力。本章的研究可以说明金融科技通过改进授信解决不对称问题、同时降低业务单位成本，从而提升农村商业银行普惠能力这一机理的合理性，证实金融科技的合理、深入运用可以解决农村商业银行为目标客户提供融资服务时的"惠"的能力。下文将进一步实证检验农村商业银行运用金融科技为目标客户提供融资服务时的服务覆盖面能否扩大的问题，也即普惠能力中的"普"的能力。

同时，在研究中还发现，运用了金融科技的每家农村商业银行都在不同程度上与税务机关、公共缴费等政府部门、医院、供销社、农民专业合作社等机构进行了跨界合作。通过互联网和金融科技的运用，在提供"万能卡"和"流动普惠金融服务车"等便民服务的同时，也可在无形中拓宽金融产品的营销渠道。这为后续研究金融科技提升农村商业银行普惠能力的对策建议也具有借鉴作用。农村商业银行在进行金融科技创新时，需与金融科技公司、政府其他部门等进行紧密的"内外合作"。结合"薄前台，厚中台，强后台"的方式，一边与各界合作，降低前台交易成本，进一步完善和整合目标客户数据，完善金融产品销售的线上和线下渠道，提高中台数据搜集和分析能力；一边自主研发金融科技产品加强后台技术支持和创新，从而在更有效规避信用风险的同时，产出更符合"三农"和小微经济主体的低成本且有针对性地满足客户需求的金融产品，以此有效提升普惠能力。

# 第6章 金融科技扩大农村商业银行普惠业务服务覆盖面的实证

承接前文，本章将检验农村商业银行运用金融科技进行普惠业务时能否扩大对"三农"和"小微"等目标客户的服务覆盖面，以此提升普惠能力的问题。

农信领域目前在各个区域基本形成了"省级联社——农村商业银行"的组织架构，然而"省联社模式"备受诟病，省联社干预在不同地区对信贷规模、信贷投向和盈利能力的影响存在异质性，而且通过信贷规模和投向对农信机构的盈利能力产生不利影响（张正平等，2020）。说明农村商业银行依赖省联社难以实现为农村金融市场目标客户提供风险可控同时成本可负担、商业可持续金融服务的目标，而是更需要自主革新。然而，通过农村信用合作社改制成的农村商业银行，虽然在产权制度改革下增强了商业化发展的趋势，提高了农村商业银行自主经营的主动性，但在追求财务可持续的过程中，存在目标偏移的可能。若商业化运作下的农村金融机构无法取得盈利和提供目标服务的平衡，依然会产生对低收入客户的服务创新和供给的不积极，贷款利率偏高，操作成本增加，从而产生使命偏移（徐淑芳等，2014；武力超和陈玉春，2017）。由于一直以来为"小额、分散"的长尾客户提供金融服务风险大、成本高，传统银行业金融机构侧重于头部优质客户而轻视长尾客户，一方面头部优质客户被传统银行业金融机构争相拉拢，另一方面长尾客户的金融服务又留下空白。

那么，农村商业银行对金融科技的运用能否更多更好地服务于"三农"和"小微"这类长尾客户，从而解决一贯的"使命偏移"现象而导致的对目标客户服务覆盖面不足的问题，进而提升普惠能力？本章试图从理论和实证两个方面思考这个问题。

# 6.1　农村商业银行普惠业务覆盖面小的原因

农村商业银行普惠业务的目标客户主要是"三农"和小微经济主体这些被大型金融机构所排斥的客户。这类客户数量很多，但大都从事农业相关的生产经营活动，经济收入来源不够稳定。虽然金融服务的需求比如贷款的需求不小，但具有"小额、分散"的特点。同时农村小微企业远离城市，自身发展和产业布局不够合理，管理理念较落后，难以符合传统银行业金融机构的贷款条件。这类客户也称为长尾客户，与传统银行业金融机构所青睐的资产存量大、来源稳定，贷款需求呈"大额、集中"的优质头部客户相对应。一直以来传统银行业金融机构都信奉"二八定律"，投入大量资源开拓并维持重要客户的服务，而不重视并缺乏对"三农"及小微经济主体这些长尾客户的投入（吕拴军，2019）。长尾客户金融服务需求因而难以充分满足，农村商业银行的潜在目标客户普遍存在融资难、贵、慢的问题，普惠金融的目标难以实现。农村商业银行对长尾市场服务不足的原因主要有以下几点：

一是因为粗放式的经营模式，对存贷款等业务的流程和模型固化，依赖于抵押担保品，更适合于优质头等客户，而服务于长尾客户的成本过高。农村商业银行的物理网点一般都在乡镇，投入的固定成本就比较大，基础设施和从业人员规模都比较受限，因此让农村商业银行更愿意追求和保持与大客户的业务往来，固化且繁琐的业务流程也促使他们更倾向于通过稳定提高单位产值，来摊平维持网点建设的固定成本投入，提高单位业务的效率和收益。而对于长尾客户来说，虽然客户数量基数比优质客户多很多，但每位长尾客户都有个性化的金融服务需求，且收入大都不稳定，又难以提供合适的抵押品，导致为长尾客户服务的交易成本较高。主要可体现在贷前的信贷审批流程繁琐，长尾客户信用信息的不完整导致贷中和贷后的信息成本及监督履约的成本高，从而不愿意扩大长尾客户的服务覆盖面。

二是因为难以对客户信用信息进行完善和妥善的管理，从而导致信息不对称，不敢冒风险去服务长尾客户。乡镇和农村地区的长尾市场存在大量的信用白户，中国人民银行的征信中心信息覆盖面难以融及。农村商业银行要收集和管理"三农"及小微经济主体这类目标客户的信息依然只能通过信贷员的访谈、走访和调查的方式获得，信息获取成本高，风险防控效率低。虽然 2015 年开始批准了芝麻信用等 8 家个人征信公司，但各公司通过自身平台搜集和管理的征信信息没有形成共享机制且信用评价标准也不统一，来源于政府部门的公共信息也未与中国人民银行征信中心很好对接，形成完善的征信管理体系，导致信息不对称问题依然难以及时便捷地解决，为长尾客户服务的风险依然较高，因而难以扩大长尾客户的服务覆盖面。

三是对技术运用的思维模式、数据分析水平和信息化建设的能力受技术制约，为长尾客户提供服务力不从心。传统商业银行由于侧重于经营的安全性和稳定性，按此技术理念构建的系统更偏向于集中和封闭（郑联盛，2014）。不断商业化改制的农村商业银行由于资金不足且其技术管理模式基本都是从各大商业银行和城商行借鉴而来，创新能力弱，运营更保守。农村商业银行的技术软硬件主要是基于小机型和内部局域网络系统和成熟固定封闭的风险监测模型，能够保证运营的稳定性，也更擅长处理优质客户。对于长尾客户来说，开放性的思维模式和大型机硬件水平以及跨部门处理大数据的能力才会让农村商业银行具备应对其小额、分散、碎片化和个性化的金融服务需求的能力，然而农村商业银行的传统技术水平是难以胜任的，扩大长尾客户服务覆盖面的能力不足。

## 6.2　金融科技扩大农村商业银行普惠业务覆盖面的逻辑

基于理论基础对长尾理论的阐述，长尾市场具有需求个性化、市场广、潜力大等特点。若商品存储和流通渠道足够广，需求小或销量不佳的商品所共同占据的市场份额也能与主流和热销商品相匹敌甚至超过那些少数热销商品（Anderson，2006；克里斯·安德森，2006）。同理，若营销渠道足够广且产品的多样化能满足非主流客户的需求，那些收入较低或不稳定的客户也能占很大的销售市场份额，给商家带来的收益甚至能超过那些只注重于给主流和高端客户提供商品的收益。

类似地，在农村金融市场中，金融产品作为虚拟产品，不存在储存实体货品所需要的成本，在金融科技发展和运用下，银行业金融机构有能力通过信息技术整合和汇集，更广泛灵活地切入消费和生活等场景，打通金融利基产品营销和零售渠道。同时多样化的金融产品也得以脱离银行业金融机构的固定实体网点和固定交易时间的限制，从而形成庞大而活跃的长尾市场。若以农村商业银行客户种类为横坐标、金融产品交易量为纵坐标，可以画一条向右下方倾斜的曲线（见图6-1）。曲线头部以大概占总客户数20%的客户数为分界线，头部代表优质客户，他们的单笔存贷款额都比较大，属于高收入和大企业群体。而横坐标向右延伸的部分则为收入低且经营不稳定易被农村商业银行所排斥的客户，这类客户大多数是"三农"和小微经济主体和其他低收入弱势群体。这类客户单笔金融产品需求较小，单笔存贷款额都比较小，然而客户基数大，在曲线中就像拖着的长尾巴，因而被称为长尾客户。这类长尾客户在以大数据、云计算、互联网、物联网、人工智能等金融科技的帮助下，构造了农村商业银行扩大目标客户服务覆盖面的可能性和优势。

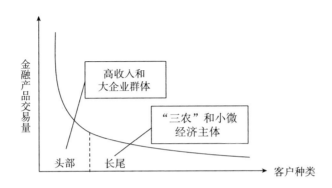

图 6-1　农村金融市场中长尾理论示意

一是金融科技本身所具备的网络特性和经济特性能够降低农村商业银行服务于长尾客户的成本。一方面，金融科技的运用进一步打破了农村商业银行提供金融服务时对实体物理网点的依赖，可以在线上完成金融交易，减少机构信贷人员和长尾客户的"皮鞋成本"，也可减少员工操作成本，提高服务效率，降低交易成本。同时基于数字科技的线上审批系统，也降低了农村商业银行对信息收集和审批的成本，并可以挖掘更多从未有过的信贷交易记录但有潜在信贷需求的"信用白户"（李明贤和陈铯，2021a），为提升服务覆盖面提供优势。另一方面，金融科技产品在农村商业银行中主要花费初始硬件建设的固定成本和产品研发和资金投入成本，金融科技产品运营特征符合梅特卡夫定律和克拉底定律，一旦产品和平台开始运营，随着客户数量的增加和网络数据存储传输的规模扩大，成本将呈指数级下降（曾刚等，2019）。金融科技产品运营的边际成本很低，近乎于零。业务单位成本的降低，自然促使农村商业银行扩大服务覆盖面，向长尾客户延伸。而金融科技本身所具备的开放性的信息技术运用能力又能够通过社交网络、政府缴费等渠道全面了解长尾客户的个性和风险特征，从而吸引并留住原有客户，降低转换成本。在提供便捷和更精细化服务的同时，具备更精准高效地搜索客户的技术能力（潘小明和屈军，2019）。从而信息获取成本、资金和运营成本都可降低，形成"成本降低—服务覆盖面扩大—成本进一步降低—进一步扩大服务覆盖面"的良性循环。

二是大数据和云计算等金融科技的合理有效运用，可降低信息不对称程度，从而农村商业银行将更有底气和能力扩大目标客户的服务覆盖面。金融科技通过大数据、云计算、区块链、人工智能等技术，得以从社交网络、电商平台等渠道搜集和筛选大量的信用信息，基于大数据和数理统计建立实时有效的信用模型，能更好地识别曾经需要走街串巷了解的客户信用软信息，并通过实时建模的方式将这类软信息转化为硬信息。在降低软信息获取和审核成本的同时，能"硬化"软信息，从而能从形式复杂多变、数量庞大的信用数据当中快速有效地分辨和抓取信息进行信用评级，从而极大程度地降低信息不对称的程度（李华民和吴非，2019）。金融科技对信息不对称问题的极大缓解，一方面可增强农村商业银行服务于"三农"及小微经济主体这一长尾客户的主动性；另一方面金融科技为缓解信息不对称问题而建立的模型和平台的连接，可以进一步根据交易数据进行信息关联，从而获得更完整的农村金融市场中长尾客户的属性和信息，并得以精准识别和挖掘更多的长尾客户和信用白户，为扩大长尾客户的服务覆盖面增添优势。

三是金融科技具有"开放、合作、平等、共享"的互联网的特性和优势，农村商业银行对金融科技的运用将打破固有的保守经营理念，大数据、云计算、区块链、人工智能、物联网等技术又能提高农村商业银行原有的技术水平和建模能力，从而更契合于服务"三农"和小微经济主体这些具备长尾特性的客户。

长尾客户的需求往往具备个性化、多样化、碎片化的特性，而金融科技正是擅长整合和处理碎片化、多元化的信息并进行全面分析。这一具有互联网特性的金融创新分散了传统金融市场较高的市场集中度，也丰富了金融产品（吴晓求，2015）。通过对线上线下的有关调查技术、信用评价技术和风险监测技术的整合和改进，可以打破"信用孤岛"问题，为实现信用信息共享提供更大的可行性（李明贤和陈铯，2021a）。以此得以设计更有灵活性、个性化、符合长尾客户"小额、分散"需求的金融产品，从而得以提升服务"三农"和"小微"覆盖面的能力。

总的来说，农村商业银行投入成本研发金融科技产品能更好地规避风险，同时形成的线上服务链条能够降低前台交易成本、管理成本、运作成本等，从而提供更低利率的产品，满足更多潜在客户的需求，释放长尾客户巨大的发展潜力。后端的技术支持能够精准识别目标客户，具备扩展长尾市场、扩大目标客户服务覆盖面的优势，从而极大可能形成"风险可控—业务单位成本降低—长尾客户服务覆盖面扩大—风险进一步可控"的良性循环，提升农村商业银行的普惠能力。

# 6.3  金融科技扩大农村商业银行普惠业务覆盖面的实证检验

根据前文的逻辑分析，本节试图通过实证设计来分析金融科技提升农村商业银行服务覆盖面的实际效果。

### 6.3.1  样本、变量、模型的选择和设定

由于农村商业银行是农村金融市场的主力军，其前身农村信用合作社或农村

合作银行，其也一直是农村普惠金融的重要主体，本节结合中国研究数据服务平台关于农村商业银行的财务数据，并通过网络信息搜集、实地调查和访谈的方式，考察在 2010~2019 年运营正常的 40 家各区域农村商业银行的金融科技使用情况以及银行内部指标的变动。观测年份选取 2010~2019 年，得以有效避开 2007~2008 年美国次贷危机引起的全球金融危机和 2020 年开始突发的全球新冠肺炎疫情所造成的外部影响。

由于研究的议题是金融科技能否提升农村商业银行对目标客户的服务覆盖面，那么核心解释变量是农村商业银行对金融科技的运用程度（变量名用 Fintech 表示），为了能够直观反映出农村商业银行在运营过程中对金融科技的运用情况，本部分用网络和实地调查相结合的方式逐一搜集出各样本农村商业银行在 2010~2019 年金融科技产品推行的日期，且根据农村商业银行推行金融科技产品的强度有所差别，本部分构造变量 Fintech，以样本农村商业银行在观察年份期间的第一次金融科技产品推行年份为分界点，没有金融科技产品研发和投入之前记为 0，推行后为 1，部分农村商业银行在运用金融科技之后有在某一年推行强度明显深化的现象，则在该年份对应的金融科技变量记为 2。由于目前农村商业银行运用金融科技具有通过与金融科技公司购买和合作研发、自主研发等多种形式，本部分搜集的是样本农村商业银行推行金融科技产品的时间和信息，包含农村商业银行通过与金融科技公司交易合作或自主研发等对金融科技运用的各种形式所推行的金融服务产品，以此得以全面考察金融科技产品的推行效果，也避免了一些文献用文本挖掘法在百度搜索上提取金融科技词库来构建金融科技指数，却难以表述清楚词库构建的合理性（比如区分哪些词汇可以代表农村商业银行已经运用了金融科技、需要多少词汇来构建统一规范的词库等）带来的弊端。

被解释变量就是能够代表目标客户服务覆盖面的指标，由于农村商业银行的目标客户为"三农"和小微经济主体这类长尾客户，因而把样本农村商业银行每年的贷款总额按行业进行划分，计算出农林牧渔、农户、农业经济组织等涉农贷款占贷款总额的比例，构成样本农村商业银行服务于"三农"的覆盖面指标（变量名用 SN 表示），这一指标越大，意味着服务于"三农"的覆盖面越大；小微经济主体的服务覆盖面用小微企业贷款占贷款总额的比例指代（变量名用 XW 表示），这一指标越大，则服务于小微经济主体的覆盖面越大。同时，用样本农村商业银行十大贷款客户的贷款占贷款总额的比例作为样本农村商业银行服务于长尾客户覆盖面的反向指标（变量名用 SD 表示），如果这一指标增大，意味着长尾客户获得的贷款比例减小。控制变量（Z）是除了金融科技的运用之外，可能引起样本农村商业银行服务覆盖面变化的内部资产质量、营收状况等指标，结合相关研究（蔡卫星，2016；胡德宝和尹赟天，2019），选取反映农村商业银行盈利能力的总资产报酬率（变量名 ROA），反映农村商业银行风险控制能力的贷款损失准备金率（变量名 LLR），反映农村商业银行经营活动能力和放贷安全程度的资产负债率（变量名 RCA），反映业务管理费和其他营业支出之和与营业收入关系的成本收入比（变量名 CIR）。

那么，可以将模型设定为：

$$SN_{it} = \beta_0 + \beta_1 Fintech_{it} + \beta_i Z_{it} + \varepsilon_{it} \tag{6-1}$$

$$XW_{it} = \alpha_0 + \alpha_1 Fintech_{it} + \alpha_i Z_{it} + \delta_{it} \tag{6-2}$$

$$SD_{it} = \gamma_0 + \gamma_1 Fintech_{it} + \gamma_i Z_{it} + \mu_{it} \tag{6-3}$$

其中，i 表示第 i 个样本农村商业银行，t 表示年份。$\alpha$、$\beta$、$\gamma$ 分别表示三个模型对应的预估参数，$\varepsilon$、$\delta$、$\mu$ 分别表示三个模型的随机扰动项。Z 表示模型中的控制变量，包括反映各样本农村商业银行特征和每年状况的总资产报酬率（ROA）、贷款损失准备金率（LLR）、资产负债率（RCA）、成本收入比（CIR）。Fintech 是核心解释变量，表示样本农村商业银行对金融科技的运用情况，SN、XW 和 SD 是被解释变量，从三个角度分别表示样本农村商业银行对目标客户的服务覆盖面。农村商业银行的目标客户主要是"三农"和"小微"这类长尾客户，SN 表示样本农村商业银行对"三农"客户的服务覆盖面，XW 表示样本农村商业银行对小微经济主体的服务覆盖面，SD 是样本农村商业银行对"最大十家"客户的服务覆盖面，代表农村商业银行对长尾客户服务覆盖面的反向变量。

### 6.3.2 实证结果及分析

结合所构建的三个模型和样本特征，本部分分别考察金融科技对"三农"贷款服务覆盖面、小微企业贷款服务覆盖面和最大十家客户贷款服务覆盖面的影响。根据观测年份的跨度小于总样本数的短面板数据特征，本部分首先对样本模型中的各指标进行了 F 检验、LM 检验、LR 检验和豪斯曼检验等，来判断各模型是否具有个体效应，对混合回归、固定效应回归和随机效应回归是否稳健有效率（见表 6-1）。

表 6-1　模型设定的检验结果

| | "三农" | 小微企业 | 最大十家客户 |
| --- | --- | --- | --- |
| F 检验 | 10.29（0.0000） | 11.67（0.0000） | 15.44（0.0000） |
| F 检验的结论 | 拒绝使用混合回归 | 拒绝使用混合回归 | 拒绝使用混合回归 |
| LM 检验 | 179.61（0.0000） | 365.95（0.0000） | 427.49（0.0000） |
| LM 检验的结论 | 拒绝使用混合回归 | 拒绝使用混合回归 | 拒绝使用混合回归 |
| LR 检验 | 143.31（0.000） | 170.49（0.000） | 214.99（0.000） |
| LR 检验的结论 | 拒绝使用混合回归 | 拒绝使用混合回归 | 拒绝使用混合回归 |
| 豪斯曼检验 | 7.22（0.2046） | 10.29（0.0674） | 9.99（0.0756） |
| 豪斯曼检验的结论 | 随机效应回归更有效率 | 置信度 95% 和 99% 下随机效应回归更有效率 | 置信度 95% 和 99% 下随机效应回归更有效率 |

在 F 检验下，"三农"、小微企业和最大十家客户的模型中 p 值结果都强烈拒绝原假设，即认为模型中具有个体效应，固定效应回归明显优于混合回归[①]。在

---

① 同时，本部分通过 LSDV 法考察，发现大多数农村商业银行个体变量都很显著，再次证明拒绝"个体效应虚拟变量为 0"的原假设，不应使用混合回归。随即本部分考察了双向固定效应（Two-way Fixed Effect），发现时间效应不显著，但具有个体效应。

拒绝混合回归之后，个体效应的存在也可能以随机效应的形式存在，因而进一步在随机效应 FGLS 模型下获取了 LM 检验结果，在 MLE 模型下获取了 LR 检验结果，两个检验结果都说明"三农"、小微企业和最大十家客户模型中都具有反映个体特征的随机扰动项，存在个体随机效应，要得到稳健的回归结果，则不应进行混合回归。

为了解决固定效应回归（FE）和随机效应回归（RE）哪个更有效率，本部分进一步进行了豪斯曼检验。结果显示在"三农"模型中，由于豪斯曼检验下的 p 值大于 0.1，则无论是在置信度 99%、95% 还是 90% 下，都应接受原假设，即随机效应回归是最有效率的；在小微企业模型中，由于豪斯曼检验下的 p 值大于 0.05 小于 0.1，那么在置信度 95% 和 99% 下，应接受原假设，随机效应回归更有效率，而在置信度 90% 下，需要拒绝原假设，即固定效应回归更有效率；同理，在最大十家客户模型中，由于豪斯曼检验下的 p 值也是大于 0.05 小于 0.1，因此在置信度 95% 和 99% 下，接受原假设，随机效应回归更有效率，而在置信度 90% 下，拒绝原假设，即固定效应回归更有效率。

根据稳健性和效率性的各类检验结果，按检验的逻辑顺序，本部分对"三农"、小微企业和最大十家客户模型分别首先进行了固定效应回归（FE），在 F 检验强烈拒绝混合回归的情况下，继续进行了具有聚类稳健标准误的固定效应回归（FE-Robust），随后进行了随机效应极大似然估计（MLE），在似然比 LR 检验强烈拒绝使用混合回归的情况下，进行了随机效应回归（RE），并进行了豪斯曼检验。在根据检验结论认为随机效应更有效率的情况下，进一步用可行的广义最小二乘法做了随机效应（FGLS），拉格朗日乘数 LM 检验结果同时证明了个体随机效应的存在和随机效应回归的高稳健性和效率性。结果如表 6-2 至表 6-4 所示。

**表6-2 金融科技的运用对"三农"服务覆盖面的影响**

| 变量 | | "三农"服务覆盖面指标（SN） | | | | |
|---|---|---|---|---|---|---|
| | | FE | FE-robust | MLE | RE | RE-robust（FGLS） |
| 金融科技（Fintech） | | 1.753*** | 1.753*** | 1.689*** | 1.686*** | 1.686*** |
| | | (0.386) | (0.58) | (0.375) | (0.378) | (0.579) |
| 控制变量 | RCA | −4.009* | −4.009* | −4.678* | −4.923* | −4.923* |
| | | (16.94) | (23.7) | (16.05) | (16.09) | (22.53) |
| | ROA | −124* | −124* | −149.0* | −149.8* | −149.8* |
| | | (87.45) | (128.5) | (85.03) | (85.72) | (125.8) |
| | CIR | −0.00143 | −0.00143 | −0.0229* | −0.0236* | −0.0236* |
| | | (0.0484) | (0.0647) | (0.0457) | (0.0459) | (0.0585) |
| | LLR | −0.000324 | −0.000324 | −0.000363* | −0.000364* | −0.000364* |
| | | (0.00174) | (0.00171) | (0.0017) | (0.00172) | (0.00163) |
| Constant | | 1.058* | 1.058* | 8.854* | 9.065* | 9.065* |
| | | (16.46) | (22.15) | (15.6) | (15.67) | (21.25) |
| 观测值 | | 322 | 322 | 322 | 322 | 322 |

注：括号内数据为稳健标准差；*** 表示 $p<0.01$，** 表示 $p<0.05$，* 表示 $p<0.1$。

**表6-3 金融科技的运用对小微企业服务覆盖面的影响**

| 变量 | | 小微企业服务覆盖面（XW） | | | | |
|---|---|---|---|---|---|---|
| | | FE | FE-robust | MLE | RE | RE-robust（FGLS） |
| 金融科技（Fintech） | | 11.97*** | 11.97*** | 11.60*** | 11.56*** | 11.56*** |
| | | (1.237) | (1.608) | (1.2) | (1.215) | (1.529) |
| 控制变量 | RCA | −141.2*** | −141.2** | −149.0*** | −150.1*** | −150.1** |
| | | (54.27) | (63.18) | (50.89) | (51.4) | (59.29) |
| | ROA | −418.4* | −418.4* | −458.5* | −463.2* | −463.2* |
| | | (280.2) | (346.4) | (271.3) | (275.2) | (333.2) |
| | CIR | −0.0882 | −0.0882 | −0.228* | −0.244* | −0.244* |
| | | (0.155) | (0.212) | (0.148) | (0.146) | (0.187) |
| | LLR | −0.00727* | −0.00727* | −0.00791* | −0.00799* | −0.00799* |
| | | (0.00558) | (0.00698) | (0.00544) | (0.00552) | (0.00729) |

续表

| 变量 | 小微企业服务覆盖面（XW） | | | | |
| --- | --- | --- | --- | --- | --- |
| | FE | FE-robust | MLE | RE | RE-robust（FGLS） |
| Constant | 191.8\*\*\* | 191.8\*\*\* | 204.0\*\*\* | 205.7\*\*\* | 205.7\*\*\* |
| | (52.73) | (61.48) | (49.6) | (50.07) | (57.62) |
| 观测值 | 322 | 322 | 322 | 322 | 322 |

注：括号内数据为稳健标准差；\*\*\* 表示 $p<0.01$，\*\* 表示 $p<0.05$，\* 表示 $p<0.1$。

表 6-4 金融科技的运用对最大十家客户服务覆盖面的影响

| 变量 | | 最大十家客户服务覆盖面指标（SD） | | | | |
| --- | --- | --- | --- | --- | --- | --- |
| | | FE | FE-robust | MLE | RE | RE-robust（FGLS） |
| 金融科技（Fintech） | | −1.164\*\*\* | −1.164\*\*\* | −1.090\*\*\* | −1.082\*\*\* | −1.082\*\*\* |
| | | (0.228) | (0.346) | (0.223) | (0.225) | (0.339) |
| 控制变量 | RCA | −1.068\* | −1.068\* | −2.154\* | −2.276\* | −2.276\* |
| | | (9.992) | (10.77) | (9.526) | (9.635) | (11.17) |
| | ROA | −40.44\* | −40.44\* | −53.32\* | −54.56\* | −54.56\* |
| | | (51.59) | (60.97) | (50.39) | (51.02) | (61.49) |
| | CIR | −0.00828 | −0.00828 | −0.0319\* | −0.0341\* | −0.0341\* |
| | | (0.0286) | (0.0303) | (0.0277) | (0.0275) | (0.0299) |
| | LLR | −0.00126\* | −0.00126\* | −0.00141\* | −0.00143\* | −0.00143\* |
| | | (0.00103) | (0.000905) | (0.00101) | (0.00102) | (0.000817) |
| Constant | | 5.971\* | 5.971\* | 4.092\* | 3.891\* | 3.891\* |
| | | (9.709) | (10.72) | (9.28) | (9.379) | (11.21) |
| 观测值 | | 322 | 322 | 322 | 322 | 322 |

注：括号内数据为稳健标准差；\*\*\* 表示 $p<0.01$，\*\* 表示 $p<0.05$，\* 表示 $p<0.1$。

　　从各结果可看出，无论是稳健性的回归模型还是效率性的回归模型，核心解释变量金融科技的运用对三个被解释变量的影响都是显著的。具体来说，金融科技的运用对"三农"服务覆盖面指标（涉农贷款占比）的影响显著为正，金融科技的运用对小微企业服务覆盖面指标（小微企业贷款占比）的影响也显著为正，说明应用金融科技能扩大样本农村商业银行对以"三农"和"小微"为特征的长尾客户的服务覆盖面。同时，从回归结果中金融科技的运用对最大十家客户服务覆盖面指标（最大十家客户贷款占比）的影响显著为负也可反向证明，样本农村商业银行应用金融科技后存在金融服务向长尾目标客户转移的现象。

## 6.4　本章小结

农村商业银行普惠业务的目标客户主要是以"三农"和"小微"为主体的长尾客户，本章阐述和分析了传统技术条件下，农村商业银行习惯性的目标偏移，更愿意服务于资金充足且经营稳定的少量头等客户而不愿意深挖小额、分散却数量庞大的长尾客户，导致对目标客户的服务覆盖面小，并分析了应用金融科技来解决这一问题的逻辑。实证分析得出金融科技具备提升农村商业银行"三农"和小微目标客户服务覆盖面，同时降低对最大十家客户服务比例的能力。说明农村商业银行运用金融科技可以精准识别"三农"和"小微"这类有特定属性的长尾客户，并更主动且有能力聚焦于长尾客户，扩大对长尾客户的服务覆盖面，提升普惠能力中"普"的能力。

根据"三农"和小微目标客户小额、分散、个体数量大的"长尾"特征，以农村商业银行为主的农村银行业金融机构一方面可通过金融科技的改进和创新不断强化后台的技术支持，提高精准识别目标客户并挖掘更多长尾客户的能力；另一方面在经营可持续的前提下提供更多符合长尾特点的金融服务产品，以此在获得目标客户的同时提高留住这类客户的能力。具体来说，可以通过"农村商业银行 B 端赋能，客户端 C 端突围，政府政策各部门 G 端连接"的方式，加强农村商业银行本身的金融科技自主研发和应用能力，也可通过资金运作与 IT 行业交易，购买相关技术，与企业、政府、省联社、金融科技企业和社交网络等不同机构的跨界内外合作来加强客户特性的分析，通过一些特性的场景构造，也可通过建立好友群、微信群的方式介绍符合目标客户需求的短小精悍的金融产品，拓宽对目标客户的产品营销渠道，通过相关技术支持跟踪调查并为已放贷客户提供引导，带动贷款者致富还贷，并提供更多具有指导性的成长型金融产品，在留住客户的同时，循序渐进地让更多有金融需求的信用白户敢于进行金融理财、借贷和投资。

# 第7章  研究结论和对策建议

## 7.1  研究结论

在金融科技发展的背景下，本书结合农村金融市场中农村商业银行特点，从理论到实证尽可能详细地分析了在运用金融科技前后农村商业银行普惠能力能否提升的问题。本书界定的金融科技是农村商业银行通过内部研发、外包或与金融科技公司合作共享等方式，用新兴前沿的数字技术开发出来的能改变农村商业银行金融活动的金融服务创新、业务创新和产品创新。农村商业银行的普惠能力界定为以下几个方面：①具有缓解信息不对称问题，控制融资服务风险，提升给"三农"和小微企业等因潜在风险高而受金融排斥的弱势群体提供融资机会的能力。②具有以可负担的低成本获取稀缺资源、服务长尾客户的能力。③具有形成一种显著、专业、商业可持续的方式提供规模更大、覆盖面更广、服务深度更强的存贷产品的能力。

通过农村商业银行运用金融科技提升普惠能力的机理分析得出，虽然目前农村金融市场运用金融科技的环境扑朔迷离，但真正有能力运用金融科技的农村商业银行无论是采取市场竞价策略还是数字技术创新策略都具备更强更灵活的提升普惠能力的优势。由于农村商业银行是理性的，农村商业银行最终是否运用金融科技来提升普惠能力，取决于运用金融科技之后能否在解决信息不对称、控制风险的同时，业务成本降低，得以获得可观的收益。金融科技能克服传统授信的信用信息难以共享、信息数据不完整、信用数据使用成本高等缺陷，通过各项技术的运用，农村商业银行在授信方式的信用评价、调查技术和风险监测等方面具备改进的优势，有助于提高农村金融机构的信贷决策效率、降低管理成本和交易成本、提升风险控制有效性，从而扩大金融服务供给范围，增加竞争性供给，使之更好地服务于"三农"和"小微"等长尾客户。通过金融科技改进形成一般情况和特殊情况的"线上+线下"审查结合，通过跨界合作对授信方式进行商业可持续的有效改进，基于需求导向进行差异化产品创新，通过加强信用和科技基础设施建设以及法律法规的配套完善、强化监管、防范技术创新带来的漏洞，以此从控制风险层面提升农村商业银行的普惠能力。

同时通过实证检验可得出，目前真正具备深入运用金融科技的农村商业银行可以运用金融科技在长期经营过程中降低农村商业银行业务单位成本。目前金融科技在农村商业银行的不同程度的运用，能够显著提高农村商业银行"三农"和小微企业贷款的比例，并降低最大十家优质客户贷款的比例。相关的农村商业银行样本表明，即便是金融科技的研发和投入会造成更多人力、物力、财力的消耗，一旦产品运行稳定之后，边际成本的快速下降得以打破"风险可控，成本却升高"这一此消彼长的普惠金融服务困境。农村商业银行可通过各部门内外合作的方式进行加快边际成本降低的金融科技产品研发，推出能满足"三农"和小微经济主体需求的个性化金融服务产品，从而从降低成本的层面更好地提升普惠能力。通过一些特性的场景构造和建立好友群、微信群等方式介绍符合目标客户需求的短小精悍的金融产品，拓宽对目标客户的产品营销渠道，通过相关技术支持跟踪调查并为已放贷客户提供引导，带动借款者致富还贷，并提供更多具有指导性的成长型存贷产品，也是扩大长尾客户服务覆盖面可借鉴的方式。

本章根据前文对农村商业银行现状的描述和运用金融科技的情况，结合金融科技提升农村商业银行普惠能力的机理和实证分析结果，尽可能全面地提出金融科技提升农村商业银行普惠能力的对策和建议。

# 7.2　对策建议

### 7.2.1　建立各参与主体互联的"线上+线下"联动机制

运用金融科技全面提升农村商业银行普惠能力，应以"合规共赢、合理分工、开放互联"的理念，整合农村商业银行、金融科技企业或平台、政府各部门的优势和信息，打通各渠道壁垒，构建数字化农村商业银行服务"三农"和小微经济主体的"线上+线下"联动机制。

（1）明确各主要参与主体在联动机制中的定位。

农村商业银行运用金融科技服务"三农"和"小微"的参与主体主要有四个，如图 7-1 所示。

一是农村商业银行。农村商业银行向有需求的客户提供咨询，并收集客户信息，一方面通过机构内部长期留存和完善的传统审核流程和审核资料，对老客户进行审查；另一方面建立线上审批系统，建立各种场景和平台，满足不同客户的相关需求。打破政府各部门税收、缴费、医疗、教育等的信息壁垒，连接办事平台，再结合农村商业银行自身的客户数据库，完善客户信息。通过与金融科技公司合作，解决短期金融科技人才不足的问题，快速引进金融科技公司的流量入口和渠道。借助金融科技平台迅速运用大数据进行风险控制，并建立一系列反欺诈

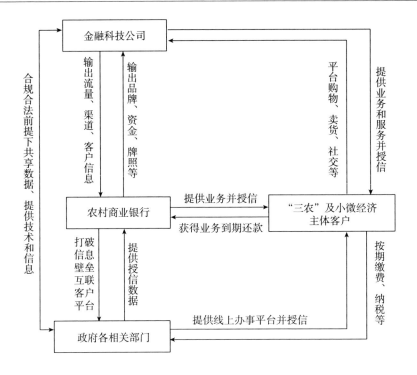

图 7-1 各参与方互联示意

系统，在挖掘潜力客户的同时，防范交易风险。"无纸化"平台又能减少审批时间。同时，在合作过程中，能"边干边学"培育一批机构内部的金融科技人才，开发更多更合适的金融产品和服务。

二是金融科技公司。金融科技公司通过积累客户大数据，拓宽公司业务，增加盈利方式。一方面向农村商业银行输出金融科技，提供社交或电商等客户信息的流量入口和大数据风控获得盈利；另一方面在与农村商业银行共同建立的数字化平台上，植入电商或社交场景，通过合作的方式获得金融牌照，提供消费、支付、转账或融资等金融业务产品选项，树立品牌，探索新的盈利方式。除此之外，通过与农村商业银行和政府各部门互联的交易信息，能提高金融科技公司获取和分析客户大数据的能力，进一步挖掘客户需求，为旗下的电商等客户和业务服务，通过内外合作的方式协助农村商业银行提高普惠能力。

三是政府各相关部门。政府等其他公共部门与农村商业银行和金融科技公司的合作，可通过政府出资协调，通过公共管理的方式建立。一方面政府出资完善金融科技相关基础设施，构建与客户端连接的线上服务平台；另一方面建立规章制度破除壁垒，允许金融科技公司和农村商业银行通过申请来获得客户信用信息。对于税收、缴费、医疗、教育、司法、水电费等能反映客户信用的政府各相关部门的信息，在合规合法的前提下，破除信息壁垒，建立公共平台使客户数据联通互联。

四是"三农"和小微经济主体客户。客户是农村商业银行、金融科技公司和政府等部门的服务对象，客户通过在农村商业银行办理金融业务、在金融科技公司进行社交和交易、在政府及其他部门缴费、纳税等，把自己的信用数据记录在这三个参与方。通过农村商业银行与各部门"内外合作、合理分工、开放互联"的方式，更有利于整合"三农"和小微经济主体客户的完整信息，也能方便客户提供各种信息，降低获得金融服务的业务单位成本。通过向农村商业银行咨询贷款和理财等金融业务，在审核通过后，能满足金融业务的相关需求。客户在金融科技企业和政府各相关部门的业务往来，通过全渠道的整合机制都能成为数字化农村商业银行审核客户的依据。不但能使信用良好却没有接受过金融业务的客户能获得客观公正的待遇，也能使老客户在数字化背景下体验比传统业务更便捷、高效的金融服务。

（2）在"三农"和小微业务各环节形成"线上+线下"联动机制。

在各参与方动力的驱动下，通过农村普惠业务上的各个环节开放互联、合理分工，在更大程度上解决信息不对称，以此来实现成本可负担、服务覆盖面扩大的可持续经营。服务"三农"和"小微"的业务主要包括合约达成前吸引和审核客户阶段以及合约达成后的风控阶段。比如信贷业务，通过金融科技的运用，形成"审核——放贷——还款"这一完整链条的服务，用自动信用评分降低信息不对称的影响，用算法来评估信用资质降低运作成本，用在线支付、贷款平台和分布式记账等方式降低交易成本，提高交易效率；多途径进行信用识别，匹配客户和农村商业银行（见图7-2）。

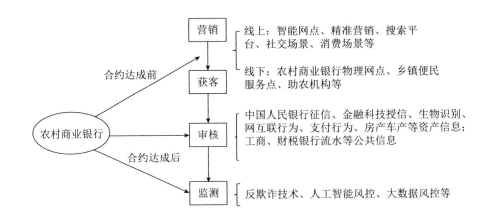

**图7-2　金融科技提升农村商业银行普惠能力的主要阶段**

具体来说，在合约达成前，农村商业银行通过研发和引进金融科技公司的平台和技术，一方面通过与政府各部门及其他服务机构链接的节点，从财税结算点、物流服务点、乡镇便民服务点、金融机构服务网点获得目标客户；另一方面通过与互联网公司链接的电商平台、社交平台获得目标客户。比如农业银行上线了金融服务平台的个人金融部分、E商管家和信用卡优惠中心，增加快e宝、快e付等新功能，对经销商和批发商推出线上线下供货一体化的E农管家，提供商品管理、多渠道支付结算、云服务等一体化电商服务平台（徐忠等，2017）。此外，除了推动银行网点智能化转型，还可通过自有的客户端构建更多的移动金融场景，将"金融+生活"聚合在一起，机构自有的销售团队通过大数据、机器学习计算框架等技术，做到千人千面、精准画像，精准营销，推出精准性高、关联性大、性价比高、个性化强的金融服务，通过智能闭环的方式，达成有效营销，促使农村商业银行进行横向和纵向的整合，降低获客成本，利用精确营销算法，更精确地匹配到目标客户，扩大获客规模，在保留老客户的同时增加新客户，更好地向目标客户提供金融服务（见图 7-3）。

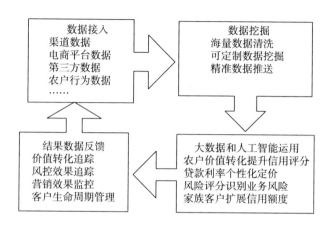

**图 7-3 农村商业银行提升普惠能力的智能闭环营销示意**

在获客之后，农村商业银行需要对有需求的目标客户进行进一步的审核，对目标客户进行生物识别，通过大数据和人工智能分析其互联网行为、支付行为、土地使用权等资产信息、工商、财税银行流水等公共信息所反映出来的信用状况，结合中国人民银行征信和金融科技征信服务公司征信，利用区块链构建整合的征信系统，为精准信用审核提供有利的技术支持。传统征信主要服务于有信贷记录的人群，其数据来源主要是银行的信贷数据和公共事业部门数据以及征信机构实地调查采集的数据，把数据代入一个综合模型中来精确测量信用水平。而以大数据为主的金融科技征信其数据来源丰富，包括电商平台、社交网络、搜索引擎、网贷平台等，可服务于所有互联网用户，不仅仅局限于有信贷历史的人群，通过挖掘数据的相关性，将传统的综合模型分散以构建多个模型（如欺诈模型、还款能力模型、还款意愿模型等）来判断客户的行为和信用水平。类似于美国 ZestFinance 公司通过银行和信用卡等传统数据和房租、典当、法律记录、搬家次数、社交网络数据等非传统数据面向无信贷历史和信用评分低而借贷成本高的客户，通过大数据分析模型，5 秒内能对每位信贷申请人超 1 万条原始信息数据进行分析，得出超 7 万个可进行测量的指标，使预测更细致（刘斌和赵云德，2019）。农村商业银行通过运用金融科技可在与金融科技公司等部门合作的基础上，弥补传统信用识别方式的不足，拓宽信用审核模型，利用区块链技术，建立区块链证信系统，实现数据加密和分布式储存。

对于在合约达成后有可能产生的违约等道德风险，需要进一步对履约客户进行跟踪和风险防控，并建立反欺诈系统。根据信贷需求的特点，从小额短期到大额长期，将分别划分为不同类型和等级，把行为数据用于反欺诈判断，把金融数据用于信贷风险判断，经营数据用于还款能力判断，消费数据用于还款意愿判断等。并且可通过实时监控征信数据，跟进信用状况。这一方面依然需要各参与主体相互连通，构建互联的信息渠道；另一方面需要农村商业银行掌握和深挖各种数字科技及其平台或产品，来进行信用风险管理、操作风险管理和精准风控，也可通过对外合作来获得技术支持，比如运用京东金融开发的天盾账户安全和反欺诈系统、天网订单风险监控系统，对用户信息校验并对欺诈订单监控和拦截。若风险事件发生，也能将关联信息反馈给征信系统后加入黑名单，并且通过短信等告知用户风险。如四川省农村信用社联合社基于"规则+模型"建立了实时交易反欺诈系统，用实时数据同步工具对业务系统数据库的关键信息实时同步至消息组件，解决信息同步不及时造成欺诈事件的漏洞。深圳农村商业银行建立了线上贷款反欺诈系统，利用 Gamma 反欺诈平台和智能风控引擎，整合欺诈风险数据库和欺诈规则集，通过引入 100 多家主流第三方数据源，破解中小银行自有业务数据单一、难以支持多场景建模的难题，进而提升全面风控能力，并通过整合大数据交叉校验和多种生物识别技术，改善贷款审批速度和精准度。

总之，农村商业银行运用金融科技提升普惠能力需要各参与方在各个环节开放互联、合理分工，借助产业链、物流、价值链、商圈、网络社交等信息系统支撑，结合线下传统服务模式，来达到共赢和目标客户服务覆盖面扩大的可持续经营，从而为"三农"和小微经济主体提供便利、多样、成本可负担、受保护的金融服务。

### 7.2.2 加强金融科技的基础设施建设

要实现金融科技提升农村商业银行普惠能力的长期运转，除了需要各参与方在各个环节开放互联、合理分工，"线上+线下"联动来达到共赢和目标客户服务覆盖面扩大的可持续经营以外，更需要农村商业银行和相关部门在合法合规的前提下改进农村商业银行内部的数字基础设施和跨界合作的外部数字基础设施。

关于农村商业银行内部基础设施的建设主要包括对支撑个体和企业等信息系统的开发、运营所需要的底层基础系统的构建，比如服务器、网络、存储、机房等硬件设施和相应的软件设施的改进、构建与扩容。除此之外，还需对内部的数字基础设施进行管理，比如定期的主动研发新系统和定期的根据需要维护旧设施。对于需要改进和扩容的数字基础设施可基于农村商业银行全年的内部各支部的基础设施需求和项目计划，结合对当前系统硬软件的运行情况和容量及技术漏洞的评估，确定需要构建和扩容的具体资源和设备，在经过收益和成本预算之后，明确是通过自主研发来构建和扩容基础设施还是通过采购和合作的方式来满足基础设施需求。对于已有基础设施的维护，建议详细制定各运行部门的设备日常监控分析报告，细化考核标准，确保设备的高效使用，防止低效和闲置带来的不必要成本消耗。对于确实需要改进和维护的基础设施或设备及资源，建议能将相关的费用明确到具体项目，结合成本核算等方式将各设备和资源"明码标价"，使农村商业银行的内部基础设施能在成本可控的情况下，高效运行和合理管控。

关于跨界合作、开放互联的外部数字基础设施的建设，建立和完善合法合规且合适的数字基础设施，解决"三农"和小微经济主体等零碎数据的"脏乱差"，将海量数据变为农村商业银行可用的杯中数据，实现内生数据、外部数据的整合和治理是关键。一方面农村商业银行本身可以借鉴"建行云"通过云计算技术设立云链接基础设施系统，强化跨界的政务、住房、社交、民生、公共缴费等云服务支持，并在客户端嵌入多种互联的场景，为获客、活客提供基础系统支撑。另一方面建议政府等公共部门也通过人工智能、大数据、区块链等数字技术改进传统的政务方式，设立智慧型的服务平台，并设立渠道与农村商业银行的客户信用信息系统互通，从而实现农村商业银行得以有效整合资源，同时政府等公共部门的管理和社会治理能力得以提升的"双赢"。此外，为了打破"信息孤岛"，实现"信息共享"，农村商业银行还需要与商业型公共数字平台及其他各界一道，在合法合规的前提下将海量数据进行分类和筛选，各类数字平台向农村商业银行开放，在建立数字硬件基础设施的同时，建立征信、税务、司法、海关、工商、公共服务、公共缴费、金融产品、金融营销、金融账户、营销渠道、社会职位等不同类数据的标准体系框架，并在按统一标准建立各类信息系统的基础上，根据实际情况不断丰富和改良指标数据，形成合理、合适的一套全面完善且权威的农村商业银行基础数据标准和业务指标的标准体系，使农村商业银行能高效地为各商业平台上的目标客户提供数字金融服务及咨询。除此之外，农村商业银行还可以通过技术改进的方式与省联社等其他金融部门建立渠道，借助传统金融信息的大平台，建立"线上"和"线下"信息互通的基础设施，提高客户信息管理和筛选的能力和分辨客户合理需求的水平。

### 7.2.3 加强金融科技的监管体系和风险防范机制

根据金融科技创新带来的风险传播速度加快、范围扩大、形式多样又难以察觉的新挑战，金融监管体系、模式、手段和科技都需要进行相应的改善，并且监管对象需同时面对农村商业银行、农村金融市场以及农户等目标客户，监管决策也要建立在对机构、市场和客户的数据分析之上。

第一，在金融法律法规、监管体系和标准、监管理念和机制等方面应与时俱进地进行相应的更新和完善。比如，2017 年中国银监会出台了《银行业金融机构销售专区录音录像管理暂行规定》，国家相关部门应继续加快制定或完善与金融科技产品相关的监管法规和法律条例，并形成体系。与"三农"和"小微"这类长尾客户的业务有关的相关金融监管法律法规建议单独列出，并合成于立法体系和监管体系的一个大部分。在立法不断完善的基础上，建议尽快对金融科技与传统金融服务建立统一监管标准，将审慎监管和行为监管从目标、制度和行为三方面进行融合，在银保监会层面上将金融科技纳入审慎监管和行为监管，重塑监管理念，避免审慎监管和行为监管的失衡。加强监管协调机制，强化监管事务各部门的信息互通，借鉴传统商业银行的资本、资产、流动性等监管指标，对规则制定、风险处置和日常监管进行分工协作，完善对农村商业银行金融科技业务领域的监管覆盖，统一行为监管，填补监管空白。在监管模式上，通过监管沙盒、创新加速器等方式规范不同类机构间的合作。比如在金融科技开放互联的环境下，以政府监管为核心，充分发挥社会、企业、行业协会等非政府主体的互动合作，保持涉农信贷业务监管的一致性，建立多元主体合作的协同式监管框架，有效监管在获客、授信技术、贷后管理等阶段互相合作的各类跨界部门。把握好金融创新与风险管控的适度平衡，厘清责任和风险承担的主体，在农村商业银行及相关部门的流动性风险、操作风险、信用风险防范上，打造主动型、功能型、综合性、协调性、穿透式监管体系，努力提高监管效率和能力、降低监管成本。

第二，面对金融科技发展带来的监管挑战，还须加强对监管科技的创新和应用。利用大数据、人工智能、云计算等技术提升穿透式、协调性的监管能力，丰富监管信息，提升数字金融监管的有效性，优化监管工具和手段，创新并合理简化监管流程，防范、化解金融科技带来的潜在风险与系统性风险。具体来说，监管科技创新应与金融科技创新同步跟进，以此来改变以往金融监管跟不上金融创新的滞后性特征。通过数字科技的运用让静态监管转变为动态监管，利用大数据和云计算等技术对跨界合作的各部门错综复杂的数据组进行快速重组和分析，通过共享系统在共享目标客户信息的同时，监管技术部门也可共享多个监管机构的数据，从而得以在统一的监管体系下形成一体化的监管合规标准。同时也可应用人工智能、区块链等技术对数据进行深入挖掘，快速并及时地生成报告和解决方案。对于金融科技改进的农村商业银行对目标客户的授信模型、风控模型等，监管科技应同步与这类创新无缝对接和嵌套，从而能够有效及时地预测风险，并对风险进行主动识别和控制。同时面对扑朔迷离的网络环境，监管科技本身也需具备技术运行安全性的自测能力，并不断更新来适应新的监管要求。

### 7.2.4 加强和完善金融科技的人才管理和技术应用

运用金融科技后的农村商业银行对人才管理的质和量的都需进行改进，以往只有经济或管理背景的人才已难以满足对数字科技等计算机专业要求高的农村商业银行的人才需求。传统农村商业银行的岗位设置和人才管理体系也应顺应金融科技的发展。而且随着金融科技发展的深入，对数字科技的熟练掌握并创新运用的人才队伍要求也要提高。

第一，农村商业银行的岗位设置和专业能力要求应根据金融科技的专业特点进行细分和改进。可增加开发岗位、信息安全技术岗位、数据分析岗位。其中开发岗的人员需负责产品测试、组装、运维、优化，并负责参与项目投入产出的支持工作。开发岗位的人员须掌握 C++、Java、Python 等编程语言的运用，能高效快捷且正确地编写程序，熟练掌握与程序开发相关的知识和技能。信息安全技术岗的员工主要负责信息安全，须对敏感信息数据进行妥善管理和处置，确保数字产品的生命周期合理，并及时监测已运行产品的漏洞或违规操作。这要求信息安全岗位的员工除了具备金融科技相关专业的理解和掌握能力以外，还需熟悉国际、国家、行业等不同层面的监管要求以及相关法律法规，具备测试和优化环境资源的能力，以便能够及时监测出产品的网络技术漏洞，并确保产品的合规合法合理。数据分析岗位主要负责数据挖掘分析及管理应用的工作，须熟悉掌握数据提取和挖掘技术、数理统计、数据建模、数据可视化、机器学习、大数据应用等专业技能。对于农村商业银行本就具备的规划岗位、架构岗位、运营岗位，也需要根据金融科技的发展改进和完善岗位要求。规划岗位的人员需增加规划金融科技产品计划和金融科技人才配置计划的职责。这就要求规划岗位的人员需增加对 IT、建模和金融科技等专业知识和技能非常了解的能力或新聘人才。同理，架构岗位需增加对数据、技术等的架构，并增加管理和负责数据和技术相关的标准，运营岗位也需增加对金融科技有关的维稳和运营。诸如此类的传统岗位都需要增加熟悉云计算、大数据、区块链、人工智能、物联网、数据库、软件工程、网络开发及安全管理等专业方面的新人才，或培训原有员工具备这方面的专业能力。这样才能使农村商业银行在金融科技运用转型之后适应新环境的要求并高效安全地运营。

第二，需要健全农村商业银行的金融科技人才管理体系。由于农村商业银行所面对的客户主要在乡镇及以下，导致主要业务和网点也大都集中于乡镇及以下，而金融科技方面精通的人才又大都属于高新技术人才，因此农村商业银行需要在增人机制和留人机制等方面进行灵活的改进。在校园招聘方面，可提前锁定校园招聘的优秀毕业生。与相关专业的院校建立校外实习或课题调查的联系，让学生在毕业之前就有机会了解其实习和做课题的农村商业银行在金融科技运用方面的亮点和特点，并开通毕业前签约的渠道和方案。在社会招聘方面，可通过高薪等方式吸引高端人才，通过搭建移动端智能招聘平台，提高招聘效率。并可以将高科技人才需求划分为急需人才、稀缺人才、金融科技团队等不同类型，以长聘、短聘、高薪聘请、全职或兼职等方式让金融科技人才队伍能尽快高效地运行。除此之外，也可在现有的人才队伍中内部培养和挖掘金融科技方面的人才，比如现有的人才队伍中会有些学习能力强或者有计算机等相关专业背景的员工，可通过专业培训、脱产培训、合作培养等方式提高现有人才的能力，也可在农村商业银行的内部体系中提拔选调相应的人才。在留住人才和提高人才工作积极性方面，可以改良考核评价体系，为在金融科技方面有突出贡献的员工开通升职加薪的特色通道，加强金融科技相关的人才与其他各界金融科技相关人才的交流，比如参加竞赛或研讨会、合作项目等，在提高技术能力的同时也可提高研发和工作积极性。细分专业技术等级，各考核方式确保提高员工的创新能力，在不影响正常工作的前提下，优化岗位结构，与金融科技相关的管理和技术岗可实施动态双向的管理，以确保员工能轻松却负责任地进行相关工作。

在完善岗位设置、改良人才队伍建设和人才管理体系的同时，还需要不断加强培养农村商业银行员工精准研发和提供金融服务的能力，无论是通过自主研发、购买第三方公司产品，还是与其他金融科技公司合作等方式，都需要具备精准识别不同客户的真实有效的需求、有针对性地收集和分析数据，开发产品的能力。比如对于老弱病残、困难家庭和没有收入来源的农户，他们更需要农村商业银行能给他们提供开户、支付结算、方便接收养老和医疗保险以及社会补助的农村普惠金融服务，而如果农村商业银行的员工不看重客户差异，而一味地向他们发放贷款，将很可能让他们陷入更深的生活困境。在对金融科技相关技术和产品的应用过程中，不能"千篇一律"，需要根据自身经营状况和目标客户的特征来合理开发运用产品，有能力分辨有效和无效的大数据，并对那些不能完全转为"线上"的业务，需要结合传统的"线下"方式，因地制宜地进行产品的营销、运营和服务。

### 7.2.5　加强"三农"和小微经济主体的数字金融素养

"三农"和小微经济主体作为农村商业银行的目标客户，由于各种原因受教育水平普遍偏低，接受和掌握数字金融产品有一定的困难，且年长者较年轻者数字金融素养相对更低。基于此，一方面可建立长效机制，将对"三农"和"小微"等弱势群体数字金融素养的教育纳入金融消费者权益保护当中，作为加强金融消费者教育的一部分；另一方面可实行差异化处理的方式，对于短期难以有效提高数字金融素养却又具备有效需求的目标客户，农村商业银行可在应用程序和产品开发等方面有针对性地推出这类目标客户容易接受和掌握的金融服务产品，来平衡短期的数字普惠金融供求关系。

第一，从长效机制来说，可强化顶层配置，全面整合金融管理部门、金融机构、金融监管机构、媒体、教育部门及相关社会组织等资源，在明确职责边界的前提下，积极推动对"三农"和"小微"数字金融素养的宣传教育。对于宣传教育的质量，改变以往"发放了多少传单、开展了多少次讲座、有多少人参加了宣传活动"等浮于表面的考核方式，而应该深入考量数字普惠金融消费者的数字金融素养的实质水平能否提高。可以通过各界各部门的深入调研和评估了解到数字金融素养的真实水平。教育的手段可多种多样，以方便长尾客户提高金融素养。比如利用微电影、动画、网站、网络社区论坛、公众号等在智能手机设备上能方便应用的方式，通过农村商业银行或其他机构的应用程序嵌入的模式提升这类长尾客户对数字科技和金融知识的接受度。也可继续深入与媒体的合作，通过公益广告的方式来增强金融风险意识、投资谨慎意识、防范金融诈骗意识等。还可以开设乡镇及以下负责人或优秀代表的数字金融素养培训班，并通过考试获取结业证的方式，提高农户等提升数字金融素养的积极性和学习效果，并得以在各自乡镇或单位推广。

第二，在通过政府、消费者保护局与媒体等其他部门协调合作的方式加强农户等长尾客户的金融知识宣传教育、金融素养及能力教育的同时，农村商业银行应重视"数字鸿沟"的客观存在。不能机械化地以千篇一律的方式进行金融科技产品的改进或购买和金融消费者教育，而需真正从金融供给侧结构性改革的角度有针对性地为这类弱势群体开发相应的数字普惠金融产品和服务，并注重多样性、线上与线下结合。比如农村商业银行可运用数字科技帮助"三农"和"小微"等长尾客户在决定选择某种金融产品之前进行金融服务需求的合理性分析，在智能手机等客户端设备上设置风险偏好测试等方式，让客户在做出服务决策之前能更好地了解自己的偏好和经济实力状况。农村商业银行也可将目标客户通过年龄、受教育水平、经济状况等进行划分，对完全无法接受和掌握金融科技产品的客户提供"线下"金融服务并进行金融素养的培养和宣传，也可以家庭或小企业为单位进行数字普惠金融素养宣传，有针对性地开展教育活动或产品宣传活动。

# 参考文献

［1］Lin J Y. New Structural Economics：Reconstructing the Framework of Development Economics ［J］. China Economic Quarterly，2011，1（10）：1-32.

［2］巴曙松. 中国金融业面临双循环新格局提出的新任务 ［N］. 大河报，2020-11-26.

［3］黄益平，黄卓. 中国的数字金融发展：现在与未来 ［J］. 经济学（季刊），2018，17（4）：1489-1502.

［4］Gregorio J D，Guidotti P E. Financial Development and Economic Growth ［J］. World Development，1995，23（3）：433-448.

［5］Greenwood J，Jovanovic B. Financial Development，Growth，and the Distribution of Income ［J］. Journal of Political Economy，1990，98（1）：1076-1108.

［6］Bencivenga V R，Smith B D. Financial Intermediation and Endogenous Growth ［J］. Review of Economic Studies，1991，58（2）：195-209.

［7］Jappelli T，Pagano M. Saving，Growth and Liquidity Constraints ［J］. Quarterly Journal of Economics，1994，109（1）：83-109.

［8］Wright P，Mohieldin M. Formal and Informal Credit Markets in Egypt ［J］. Economic Development and Cultural Change，2000，48（3）：657-670.

［9］ Cull R, Demirgüç-kunt A, Morduch J. Microfinance Meets the Market ［J］. Journal of Economic Perspectives, 2009, 23 (1): 167–192.

［10］ Demirgüç-kunt A, Beck T, Honohan P. Finance for All?: Policies and Pitfalls in Expanding Access ［J］. Journal of the American College of Cardiology, 2007, 1 (1): 1–268.

［11］ Helms B. Access for All: Building Inclusive Financial Systems ［J］. World Bank Publications, 2006, 9 (2): 247–264.

［12］ Cgap. Building Inclusive Financial Systems: Donor Guidelines on Good Practice in Microfinance ［R］. Washington, D. C. World Bank Group, 2004.

［13］ Agency U N. Building Inclusive Financial Sectors for Development ［M］. New York: United Nations Publications, 2006.

［14］ Akram W, Hussain Z. Agricultural Credit Constraints and Borrowing Behavior of Farmers in Rural Punjab ［J］. European Journal of Scientific Research, 2008, 23 (2): 294–304.

［15］ Hoff K, Stiglitz J. Imperfect Information and Rural Credit Markets: Puzzles and Policy Perspectives ［J］. World Bank Economic Review, 1990, 4 (3): 235–250.

［16］ Boucher S, Carter M R, Guirkinger C. Risk Rationing and Wealth Effects in Credit Markets: Theory and Implications for Agricultural Development ［J］. American Journal of Agricultural Economics, 2008, 90 (2): 409–423.

［17］ Urrea M, Maldonado J. Vulnerability and Risk Management: The Importance of Financial Inclusion for Beneficiaries of Conditional Transfers in Columbia ［J］. Canadian Journal of Development Studies, 2011, 32 (4): 381–398.

［18］ Barth J R, Caprio G, Levine R. The Regulation and Supervision of Banks Around the World – A New Database ［J］. Brookings – wharton Papers on Financial

Services, 2001 (1): 183-250.

[19] Beck T H, Demirgüç–kunt A, Peria M. Martinez. Banking Services for Everyone? Barriers to Bank Access and Use around the World [J]. World Bank Economic Review, 2008, 22 (3): 397-430.

[20] Gilberto M L, Gabrielle R L. Innovations as Response to Failures in Rural Financial Markets [J]. Philippine Institute for Development Studies, 2006, 24 (1): 1-31.

[21] D'alcantara G, Gautier A. The Postal Sector as a Vector of Financial Inclusion [J]. Annals of Public & Cooperative Economics, 2013, 84 (2): 119-137.

[22] Anson J, Berthaud A, Singer D, et al. The Global Findex Database: Financial Inclusion and the Role of the Post Office [J]. The World Bank Working Paper, 2013, 1 (2): 1-4.

[23] Kumar N. Financial Inclusion and Its Determinants: Evidence from India [J]. Journal of Financial Economic Policy, 2013, 5 (1): 4-19.

[24] Goldstein I, Jiang W, Karolyi G A. To Fintech and Beyond [J]. Review of Financial Studies, 32 (5): 1647-1661.

[25] Hayen R. The Impact and Influence of Financial Technology on Banking and the Finance Industry [J]. Review, 2016, 1 (1): 7-14.

[26] Nakashima T. Creating Credit By Making Use of Mobility with Fintech and Iot [J]. Iatss Research, 2018, 42 (1): 61-66.

[27] Schueffel P. Taming the Beast: A Scientific Definition of Fintech [J]. Journal of Innovation Management, 2016, 4 (4): 32-54.

[28] Susanne Chishti, Janos Barberis. The Fintech Book: The Financial Technology Handbook for Investors, Entrepreneurs and Visionaries [M]. West Sussex, UK: John Wiley and Sons Ltd, 2016.

［29］ Nicoletti, Bernardo. The Future of Fintech ［M］. Berlin: Springer International Publishing, 2017.

［30］ Board F S. Financial Stability Implications From Fintech: Supervisory and Regulatory Issues That Merit Authorities' Attention ［R］. 2017.

［31］ Sanjiv R. Das. The Future of Fintech ［J］. Financial Management, Financial Management Association International, 2019, 48 (4): 981-1007.

［32］ J. c. R, J. T. Platform Competition in Two-sided Markets ［J］. Journal of the European Economic Association, 2003, 10 (4): 990-1029.

［33］ Armstrong M. Competition in Two-Sided Markets ［J］. The Rand Journal of Economics, 2006, 37 (3): 668-691.

［34］ Iyer R, Khwaja A I, Luttmer E, et al. Screening in New Credit Markets: Can Individual Lenders Infer Borrower Creditworthiness in Peer – to – peer Lending? ［J］. Ssrn Electronic Journal, 2009 (2): 1-43.

［35］ Duarte J, Siegel S, Young L. Trust and Credit: The Role of Appearance in Peer-to-peer Lending ［J］. Review of Financial Studies, Society for Financial Studies, 2012, 25 (8): 2455-2484.

［36］ Gonzalez L, Loureiro Y K. When Can a Photo Increase Credit? the Impact of Lender and Borrower Profiles on Online Peer-to-peer Loans ［J］. Journal of Behavioral and Experimental Finance, 2014, 2 (1): 44-58.

［37］ Wei Z, Lin M. Market Mechanisms in Online Peer – to – peer Lending ［J］. Management Science, 2017, 63 (12): 4236-4257.

［38］ Roure C D, Pelizzon L, Thakor A V. P2P Lenders versus Banks: Cream Skimming or Bottom Fishing?  ［J］. Social Science Electronic Publishing, 2018, 1 (1): 1-62.

［39］ Tang H. Peer-to-peer Lenders versus Banks: Substitutes or Complements?

[J] . Review of Financial Studies, Society for Financial Studies, 2019, 32 (5): 1900-1938.

[40] Lin Z, Whinston A B, Fan S. Harnessing Internet Finance with Innovative Cyber Credit Management [J] . Financial Innovation, 2015, 1 (5): 1-24.

[41] Berg T, Burg V, Gombovi A, et al. On the Rise of Fintechs - Credit Scoring Using Digital Footprints [J] . Review of Financial Studies, Society for Financial Studies, 2020, 33 (7): 2845-2897.

[42] Citi GPS. Digital Disruption How FinTech is Forcing Banking to a Tipping Point [R] . 2016.

[43] Cong L W, He Z. Blockchain Disruption and Smart Contracts [J] . Review of Financial Studies, Society for Financial Studies, 2019, 32 (5): 1754-1797.

[44] Biais B, Bisière C, Bouvard M, et al. The Blockchain Folk Theorem [J] . The Review of Financial Studies, 2019, 32 (5): 1662-1715.

[45] Chiu J, Koeppl T V. Blockchain - based Settlement for Asset Trading [J] . The Review of Financial Studies, 2019, 32 (5): 1716-1753.

[46] Foley S, Karlsen J R, Putnins T J. Sex, Drugs, and Bitcoin: How Much Illegal Activity Is Financed Through Cryptocurrencies? [J] . The Review of Financial Studies, 2019, 32 (5): 1798-1853.

[47] D'acunto F, Prabhala N, Rossi A G. The Promises and Pitfalls of Robo-advising [J] . Review of Financial Studies, Society for Financial Studies, 2019, 32 (5): 1983-2020.

[48] Vanini P. Digital Disruption [J] . Social Science Electronic Publishing, 2017 (1): 1-28.

[49] Bcg Boston - Consulting - Group. Operational Excellence in Retail Banking 2015: Creating Digital Banks with a Hunan Touch [R] . 2015.

［50］Fuster A，Plosser M，Schnabl P，et al. The Role of Technology in Mortgage Lending［J］. Review of Financial Studies，Society for Financial Studies，2019，32（5）：1854-1899.

［51］Chen M A，Wu Q，Yang B. How Valuable Is Fintech Innovation? ［J］. The Review of Financial Studies，2019，32（5）：2062-2106.

［52］Schweitzer M E，Barkley B. Is "Fintech" Good for Small Business Borrowers? Impacts on Firm Growth and Customer Satisfaction［R］. Working Papers（old Series）1701，Federal Reserve Bank of Cleveland，2017，17（1）：1-29.

［53］Grossman J，Tarazi M. Serving Smallholder Farmers：Recent Developments in Digital Finance［R］. Consultative Group to Assist the Poor（cgap），2014.

［54］Ren B，Li L，Zhao H，et al. The Financial Exclusion in the Development of Digital Finance - A Study Based on Survey Data in the Jingjinji Rural Area ［J］. Singapore Economic Review，2018，63（1）：65-82.

［55］Dbs Bank-Innovation-Group. The Rise of FinTech in China：Redefining Financial Services［R］. 2016.

［56］田霖. 我国金融排斥的城乡二元性研究［J］. 中国工业经济，2011，1（2）：36-45+141.

［57］陈本凤，周洋西. 城镇化进程中的城乡金融排斥现象研究［J］. 金融论坛，2013，18（10）：16-21.

［58］王金龙，乔成云. 互联网金融、传统金融与普惠金融的互动发展［J］. 新视野，2014，1（5）：14-16.

［59］王小华，温涛，王定祥. 县域农村金融抑制与农民收入内部不平等［J］. 经济科学，2014，1（2）：44-54.

［60］吴国华. 进一步完善中国农村普惠金融体系［J］. 经济社会体制比较，2013，1（4）：32-45.

［61］郑中华，特日文．中国三元金融结构与普惠金融体系建设［J］．宏观经济研究，2014（7）：53-59.

［62］杨林生，杨德才．小额贷款公司可持续发展的制度约束与对策建议［J］．经济问题，2014（2）：79-84.

［63］杨虎锋，何广文．治理机制对小额贷款公司绩效的影响——基于169家小额贷款公司的实证分析［J］．中国农村经济，2014（6）：74-82.

［64］张兵，张宁，李丹，等．农村非正规金融市场需求主体分析——兼论新型农村金融机构的市场定位［J］．南京农业大学学报（社会科学版），2013，13（2）：42-49.

［65］王曙光，杨敏．农村供给侧结构性改革与县域农村金融创新发展［J］．农村金融研究，2016（7）：57-61.

［66］王晶，毕胜，李芸，等．正规信贷约束对农户粮食生产的影响分析［J］．农业技术经济，2018（5）：28-38.

［67］包钧，谢霏，许霞红．中国普惠金融发展与企业融资约束［J］．上海金融，2018（7）：34-39.

［68］曲小刚，罗剑朝．上市后中国农业银行服务"三农"的绩效研究［J］．华东经济管理，2013，27（9）：105-110.

［69］董晓林，朱晨露，张晔．金融普惠、数字化转型与农村商业银行的盈利能力［J］．河海大学学报（哲学社会科学版），2021，23（5）：67-75+111.

［70］曾燕，黄晓迪，杨波．中国数字普惠金融热点问题评述［M］．北京：中国社会科学出版社，2019.

［71］刘吉舫，李梅．我国新型农村金融机构非均衡发展制度性解析［J］．当代经济研究，2017（12）：77-83.

［72］赵丙奇，杨丽娜．村镇银行绩效评价研究——以浙江省长兴联合村镇银行为例［J］．农业经济问题，2013，34（8）：56-61+111.

[73] 刘艳,张彼西.村镇银行支农绩效评价研究:基于四川9家样本 [J].农村经济,2015(6):80-84.

[74] 董晓林,程超,龙玲华.主发起人类型、设立取址与村镇银行经营绩效——以江苏为例 [J].财贸研究,2014(2):116-121.

[75] 程超,赵春玲.贷款技术、设立取址与村镇银行小微企业贷款 [J].南方经济,2015(5):53-66.

[76] 叶李伟,施佰发.金融扶贫背景下我国农村资金互助社绩效评价——基于福建省南安市助民合作社资金互助部的调研与案例分析 [J].福建论坛(人文社会科学版),2019(1):195-202.

[77] 彭澎,张龙耀.农村新型资金互助合作社监管失灵与监管制度重构 [J].现代经济探讨,2015(1):48-52.

[78] 谭燕芝,眭张媛,张子豪.农村小额贷款公司网点布局及支农成效研究——基于东中西部355家农村小额贷款公司实证分析 [J].经济问题,2016(8):87-93.

[79] 范亚辰,何广文,田雅群.融资约束、融资政策与小额贷款公司双重绩效的实现 [J].经济经纬,2018,35(5):129-135.

[80] 刘鸿伟.小额贷款公司可持续发展的主要问题与出路选择——基于"小额、分散"和服务"三农、小微"情况调查与思考 [J].武汉金融,2016(6):57-60.

[81] 张贺.农村金融的功能效应与普惠金融发展——嬗变中的"道德"与制度正义 [J].云南民族大学学报(哲学社会科学版),2017,34(3):101-106.

[82] 邹伟,凌江怀.普惠金融与中小微企业融资约束——来自中国中小微企业的经验证据 [J].财经论丛,2018(6):36-47.

[83] 孔慧娟.拓宽农村法治教育的广度和深度 [J].人民论坛,2018

（16）：166-167.

［84］焦瑾璞，黄亭亭，汪天都，等．中国普惠金融发展进程及实证研究［J］．上海金融，2015（4）：12-22.

［85］孙同全．从农户家庭资产负债表看农村普惠金融供给侧结构性改革［J］．中国农村经济，2017（5）：31-44.

［86］程百川．破解农业融资难题的创新路径研究——基于重庆经验的分析［J］．西部金融，2016（9）：14-18.

［87］于诺．农村供给侧改革背景下商业性农村金融的机遇与挑战［J］．农业经济，2018（6）：109-110.

［88］黄惠春，高仁杰，管宁宁．金融素养对贫困地区农户小额信贷可获性的影响——基于内蒙古和山东的调查数据［J］．江苏农业科学，2021，49（12）：235-242.

［89］李明贤，周孟亮．我国普惠制农村金融体系建设研究［M］．北京：商务印书馆，2013.

［90］张郁．结构视角下中国农村普惠金融发展的现实困境与制度选择［J］．南方金融，2015（9）：93-97.

［91］潘晓健，杜莉．以供给侧结构性改革推动我国农村普惠金融纵深发展［J］．经济纵横，2017（2）：23-27.

［92］蔺鹏，孟娜娜，路振家．农村金融结构失衡的现状、成因及改进策略——基于农业供给侧结构性改革的分析［J］．农村金融研究，2017（12）：44-48.

［93］黄惠春．我国农村金融市场改革路径选择——基于"机构"和"功能"的综合视角［J］．经济体制改革，2012（5）：72-75.

［94］陆岷峰，葛和平．发展普惠金融的关键在于提升服务客体的履责能力——基于普惠金融中公平享有权主、客体的博弈分析［J］．经济与管理，

2017, 31 (4): 49-54.

[95] 梁信志. 关于深化农村金融供给侧结构性改革的思考——以河南为分析例证 [J]. 农村经济, 2018 (5): 57-62.

[96] 邢乐成, 赵建. 多维视角下的中国普惠金融: 概念梳理与理论框架 [J]. 清华大学学报 (哲学社会科学版), 2019, 34 (1): 164-172.

[97] 冯兴元, 孙同全, 韦鸿. 乡村振兴战略背景下农村金融改革与发展的理论和实践逻辑 [J]. 社会科学战线, 2019 (2): 54-64.

[98] 程凤朝, 刘献良. 商业银行服务 "新三农" 问题与政策研究 [J]. 金融论坛, 2015 (11): 27-37.

[99] 王国刚. 从金融功能看融资、普惠和服务 "三农" [J]. 中国农村经济, 2018 (3): 4-16.

[100] 粟勤. 银行组织结构、代理成本与农村小银行的普惠金融服务能力: 安徽省郎溪县的案例分析 [J]. 当代经济管理, 2019, 41 (1): 91-97.

[101] 魏明侠, 赵艳, 夏雨. P2P网贷风险演化: 基于平台和监管方的博弈 [J]. 管理评论, 2021, 33 (3): 54-65.

[102] 何珏, 梅国平, 季凯文. 强监管下P2P网贷平台能否提供纯信息中介服务？——基于演化博弈模型及仿真分析 [J]. 管理评论, 2021, 33 (8): 128-138.

[103] 王祖继, 许一鸣. 大型商业银行金融科技管理 [M]. 成都: 西南财经大学出版社, 2020.

[104] 娜日, 朱淑珍, 洪贤方. 基于扎根理论的互联网金融服务创新能力结构维度研究 [J]. 科技管理研究, 2016 (14): 205-209.

[105] 刘继兵, 李舒谭. 中国金融科技发展路径优化研究 [J]. 西南金融, 2018 (3): 1-4.

[106] 李朝晖. 我国P2P网络借贷与小微企业融资关系的实证研究 [J].

现代经济探讨，2015（2）：43-47.

［107］胡金焱，李建文，张博.P2P网络借贷是否实现了普惠金融目标［J］.世界经济，2018，41（11）：169-192.

［108］刘芬华，吴非，李华民.互联网金融：创新金融体征、泡沫风险衍生与规制逻辑［J］.经济学家，2016（6）：35-42.

［109］范渊凯.我国互联网金融伦理研究评述［J］.道德与文明，2018（3）：155-158.

［110］皮天雷，赵铁.互联网金融：逻辑、比较与机制［J］.中国经济问题，2014（4）：98-108.

［111］余庆泽，杨玉国，毛为慧，等.基于SERVQUAL模型的科技金融平台服务质量评测研究——以P2P网贷平台为例［J］.科技管理研究，2019（11）：113-121.

［112］乔海曙，许可.互联网银行理论研究的最新进展［J］.金融论坛，2015，20（6）：71-80.

［113］丁廉业.互联网金融助推农业供给侧结构性改革的路径研究［J］.西南金融，2018（5）：37-43.

［114］郑美华.农村数字普惠金融：发展模式与典型案例［J］.农村经济，2019（3）：102-110.

［115］廖理，李梦然，王正位.中国互联网金融的地域歧视研究［J］.数量经济技术经济研究，2014，31（5）：54-70.

［116］郭田勇，丁潇，杨帆.普惠金融离中国有多远？——基于金融服务可得性的国际比较视角［J］.金融市场研究，2016（6）：50-57.

［117］吴本健，毛宁，郭利华.“双重排斥”下互联网金融在农村地区的普惠效应［J］.华南师范大学学报（社会科学版），2017（1）：94-100+190.

［118］战明华，张成瑞，沈娟.互联网金融发展与货币政策的银行信贷渠道

传导 [J]．经济研究，2018，53（4）：63-76．

[119] 王应贵，梁惠雅．金融科技对商业银行价值链的冲击及应对策略 [J]．新金融，2018（3）：53-58．

[120] 邱晗，黄益平，纪洋．金融科技对传统银行行为的影响——基于互联网理财的视角 [J]．金融研究，2018（11）：17-29．

[121] 金洪飞，李弘基，刘音露．金融科技、银行风险与市场挤出效应 [J]．财经研究，2020，46（5）：52-65．

[122] 刘孟飞．金融科技与商业银行系统性风险——基于对中国上市银行的实证研究 [J]．武汉大学学报（哲学社会科学版），2021，74（2）：119-134．

[123] 刘孟飞，蒋维．金融科技促进还是阻碍了商业银行效率？——基于中国银行业的实证研究 [J]．当代经济科学，2020，42（3）：56-68．

[124] 刘孟飞，王琦．金融科技对商业银行绩效的影响——理论与实证研究 [J]．金融论坛，2021，26（3）：60-70．

[125] 熊健，张晔，董晓林．金融科技对商业银行经营绩效的影响：挤出效应还是技术溢出效应？[J]．经济评论，2021（3）：89-104．

[126] 张正平，黄帆帆．数字普惠金融的发展影响农信机构的社会绩效吗？——基于 2014-2018 年非平衡面板数据的实证检验 [J]．江南大学学报（人文社会科学版），2021，20（3）：5-17．

[127] 孙娜．新形势下金融科技对商业银行的影响及对策 [J]．宏观经济管理，2018（4）：72-79．

[128] 姜增明，陈剑锋，张超．金融科技赋能商业银行风险管理转型 [J]．当代经济管理，2019，41（1）：85-90．

[129] 姜其林，苏晋绥．银行业金融机构数字普惠金融实践与思考——基于国内 35 家银行业金融机构的调查 [J]．北方金融，2018（5）：88-95．

[130] 谢治春，赵兴庐，刘媛．金融科技发展与商业银行的数字化战略转型

［J］．中国软科学，2018（8）：184-192.

［131］吕芙蓉，范蕤，吕廷杰．基于 RosettaNet 视角的商业银行金融服务能力跨组织协同流程研究［J］．北京邮电大学学报（社会科学版），2015，17（2）：73-80.

［132］刘斌，赵云德．金融科技：人工智能与机器学习卷［M］．北京：机械工业出版社，2019.

［133］Sarma M. Measuring Financial Inclusion［J］．Economics Bulletin，2015，35（1）：604-611.

［134］焦瑾璞．构建普惠金融体系的重要性［J］．中国金融，2010（10）：12-13.

［135］李明贤，叶慧敏．普惠金融与小额信贷的比较研究［J］．农业经济问题，2012，33（9）：44-49+111.

［136］曾刚，何炜，李广子，等．中国普惠金融创新报告（2019）［M］．北京：社会科学文献出版社，2019.

［137］欧雪银．公司企业家精神的内涵与构成［J］．社会科学家，2011（2）：69-72.

［138］杨宇，郑垂勇．"社会企业家精神"概念评述［J］．生产力研究，2007（21）：149-151.

［139］国家行政学院经济学教研部．中国供给侧结构性改革［M］．北京：人民出版社，2016.

［140］高惺惟．金融供给侧结构性改革的逻辑与路径［J］．金融与经济，2020（3）：76-83.

［141］林毅夫．自生能力、经济转型与新古典经济学的反思［J］．经济研究，2002（12）：15-24+90.

［142］林毅夫．新结构经济学、自生能力与新的理论见解［J］．武汉大学

学报（哲学社会科学版），2017，70（6）：5-15.

［143］Anderson Chris. The Long Tail：Why the Future of Business is Selling Less of More［M］. New York：Hyperion Books，2006.

［144］克里斯·安德森. 长尾理论［M］. 乔江涛，石晓燕，译. 北京：中信出版社，2006.

［145］胡希宁，贾小立，杨平安. 信息经济学的理论精华及其现实意义［J］. 中共中央党校学报，2003，7（4）：94-98.

［146］杨培芳.《网络钟型社会——公共理性经济革命》选载之六　网络经济的六个基本定律［J］. 中国信息界，2012（6）：80.

［147］李开复. 网络经济14定律［J］. 电子展望与决策，2000（6）：27-28.

［148］李明贤，罗荷花，叶慧敏. 基于农村金融增量改革的农户融资约束缓解研究［M］. 北京：人民出版社，2018.

［149］邱晖. 中国村镇银行可持续发展研究［M］. 北京：科学出版社，2018.

［150］李明贤，周孟亮. 我国小额信贷公司的扩张与目标偏移研究［J］. 农业经济问题，2010，31（12）：58-64.

［151］刘江蒙，杨宁生. 普惠金融体系下的村镇银行覆盖面研究［J］. 广东农业科学，2014，41（22）：200-204+211.

［152］中国银行业协会农村合作金融工作委员会. 全国农村中小银行机构行业发展报告2021［M］. 北京：中国金融出版社，2022.

［153］中国农金商学院课题组. 农商银行转型趋势报告［R］. 北京，2022.

［154］闵达律. 稳定县域农村商业银行法人地位的必要性与实现路径［J］. 武汉金融，2020（4）：86-88.

［155］郭欣蕾. 从授信技术视角看银行对民营企业服务能力的提升［J］.

中国银行业，2019，68（8）：61-62.

［156］李明贤，陈铯．金融科技、授信方式改进与涉农金融机构普惠能力提升［J］．经济体制改革，2021a，227（2）：88-94.

［157］北京大学数字金融研究中心课题组．数字金融的力量：为实体经济赋能［M］．北京：中国人民大学出版社，2018.

［158］北京大学数字金融研究中心课题组．数字普惠金融的中国实践［M］．北京：中国人民大学出版社，2017.

［159］钱卫宁，邵奇峰，朱燕超，等．区块链与可信数据管理：问题与方法［J］．软件学报，2018，29（1）：150-159.

［160］熊学萍，邹家勇，王浙琴．农村信用社征信与信息共享的分析——基于湖北省336家农村信用社的调查［J］．中国农村观察，2010，94（4）：2-9+95.

［161］刘园，郑忱阳，江萍，等．金融科技有助于提高实体经济的投资效率吗？［J］．首都经济贸易大学学报，2018，20（6）：22-33.

［162］李明贤，陈铯．金融科技征信与农村金融机构服务能力提升［J］．金融经济，2021b，535（1）：21-28.

［163］徐忠，邹传伟．金融科技：前沿与趋势［M］．北京：中信出版社，2021.

［164］胡滨，程雪军．金融科技、数字普惠金融与国家金融竞争力［J］．武汉大学学报（哲学社会科学版），2020，73（3）：130-141.

［165］王作功，杨茂巧，何赛．银行业金融机构普惠金融评价指标体系研究［J］．金融理论与实践，2018，472（11）：19-24.

［166］中国人民银行西宁中心支行课题组，陈希凤．普惠金融发展指数构建及影响因素研究［J］．青海金融，2017，323（8）：4-11.

［167］薛莹，胡坚．金融科技助推经济高质量发展：理论逻辑、实践基础与路径选择［J］．改革，2020，313（3）：53-62.

［168］孙旭然，王康仕，王凤荣．金融科技、竞争与银行信贷结构——基于中小企业融资视角［J］．山西财经大学学报，2020，42（6）：59-72.

［169］孟娜娜，粟勤，雷海波．金融科技如何影响银行业竞争［J］．财贸经济，2020，41（3）：66-79.

［170］张晓朴，姚勇，等．未来智能银行：金融科技与银行新生态［M］．北京：中信出版社，2018.

［171］闫树，卿苏德，魏凯．区块链在数据流通中的应用［J］．大数据，2018，4（1）：3-12.

［172］刘若鸿，张骥，王为鹏．中国农村信贷征信技术基础要素研究——基于信息经济学的思考［J］．农业技术经济，2011（3）：31-40.

［173］Berger A N，Deyoung R．Problem Loans and Cost Efficiency in Commercial Banks［J］．Journal of Banking and Finance，1997，21（6）：849-870.

［174］Alien F. Gale-D. Financial Innovation and Risk Sharing［M］．Massachusetts：MIT Press，1994.

［175］Bertrand J. Theorie Mathematique De La Richesse Sociale［J］．Journal des Savants，1883（1）：499-508.

［176］Hotelling H. Stability in Competition［J］．Economic Journal，1929，39（153）：41-57.

［177］Salop S C. Monopolistic Competition with Outside Goods［J］．Bell Journal of Economics，1979，10（1）：141-156.

［178］李明贤，叶慧敏．我国农村普惠金融贷款技术再造研究［J］．求索，2010，217（9）：8-10+54.

［179］笪咏胜．银行业金融机构降成本难点［J］．中国金融，2019，916（22）：110.

［180］Berger A N，Udell G F. Small Business Credit Availability and Relationship Lending：The Importance of Bank Organisational Structure ［J］.The Economic Journal，2002，112（477）：32-53.

［181］Liberti Jose-Maria，Petersen Mitchell-A.Information Hard and Soft ［J］.The Review of Corporate Finance Studies，2019，8（1）：1-41.

［182］周鸿卫，田璐.农村金融机构信贷技术的选择与优化——基于信息不对称与交易成本的视角［J］.农业经济问题，2019，473（5）：58-64.

［183］徐忠，邹传伟.金融科技：前沿与趋势［M］.北京：中信出版社，2021.

［184］粟勤，魏星.金融科技的金融包容效应与创新驱动路径［J］.理论探索，2017，227（5）：91-97+103.

［185］张智慧.银行金融科技项目全生命周期管理难点问题探讨——基于成本的视角［J］.开发性金融研究，2020，30（2）：87-96.

［186］商立平.论国有商业银行的交易成本和合约安排［J］.财经问题研究，2005（4）：45-55.

［187］李尔博王.基于交易成本视角下的城市商业银行［J］.绵阳师范学院学报，2007，95（1）：32-35.

［188］饶晓秋.交易成本理论：解释成本管理会计理论的新视角［J］.当代财经，2006（1）：124-127.

［189］阿不都热西提，赵公章.对作业成本法在县域银行业金融机构成本核算过程中应用的探索［J］.新疆金融，2009（6）：41-44.

［190］刘书昂.估时作业成本法在金融机构的应用［J］.企业改革与管理，2018，341（24）：102-103.

［191］任丹妮.欠发达地区涉农金融机构服务成本测算及比较——基于贵州省202家涉农金融机构的调查研究［J］.西南金融，2017，437（12）：35-39.

［192］张正平，夏海，毛学峰.省联社干预对农信机构信贷行为和盈利能力

的影响——基于省联社官网信息的文本分析与实证检验［J］. 中国农村经济, 2020, 429 (9)：21-40.

［193］徐淑芳, 郑婉玲, 彭馨漫. 微型金融机构财务绩效与覆盖面之间关系的实证研究［J］. 学术研究, 2014, 360 (11)：82-89+160.

［194］武力超, 陈玉春. 所有权对微型金融机构财务绩效和覆盖面的影响［J］. 南京审计大学学报, 2017, 14 (2)：39-48.

［195］吕拴军, 王双宁, 孔丽丽. 传统商业银行"长尾客户"增长状态研究——基于马氏链模型实证分析［J］. 华北金融, 2019, 507 (4)：35-44.

［196］郑联盛. 中国互联网金融：模式、影响、本质与风险［J］. 国际经济评论, 2014, 113 (5)：103-118+6.

［197］潘小明, 屈军. 金融服务需求模式演变与商业银行渠道管理［J］. 南方金融, 2019, 509 (1)：82-91.

［198］李华民, 吴非. 银行规模、贷款技术与小企业融资［J］. 财贸经济, 2019, 40 (9)：84-101.

［199］吴晓求. 互联网金融：成长的逻辑［J］. 财贸经济, 2015, 399 (2)：5-15.

［200］蔡卫星. 分支机构市场准入放松、跨区域经营与银行绩效［J］. 金融研究, 2016, 432 (6)：127-141.

［201］胡德宝, 尹曌天. CEO 权力影响中国上市商业银行绩效了吗？［J］. 中央财经大学学报, 2019, 380 (4)：49-59.

［202］徐忠, 孙国峰, 姚前. 金融科技：发展趋势与监管［M］. 北京：中国金融出版社, 2017.